Todos os direitos reservados a Abrahão Nascimento dos Santos. Declaro a autoria do material. É terminantemente proibida a reprodução parcial ou total desta obra, por qualquer meio ou processo, sem a expressa autorização por escrito e citação da fonte.

SUMÁRIO

Sumário 2

SOBRE O AUTOR 8

INTRODUÇÃO..9

CAPÍTULO 1. NOÇÕES PRELIMINARES........................11

    1.1. CONCEITO DE TRÂNSITO 11

CAPÍTULO 2. ESTUDO DOS PRINCÍPIOS 13

    2.1. INTRODUÇÃO 13

    2.2. PRINCÍPIOS FUNDAMENTAIS DA ADMINISTRAÇÃO PÚBLICA..13

    2.2.1. PRINCÍPIO DA LEGALIDADE 14

        2.2.1.1. Legalidade estrita. Legitimidade. Juridicidade 20

    2.2.2. PRINCÍPIO DA MORALIDADE 26

    2.2.3. PRINCÍPIO DA IMPESSOALIDADE.................................27

    2.2.4. PRINCÍPIO DA PUBLICIDADE.......................................28

    2.2.5. PRINCÍPIO DA EFICIÊNCIA..39

    2.2.6. PRINCÍPIOS DA RAZOABILIDADE E DA PROPORCIONALIDADE 43

    2.2.7. PRINCÍPIO DA AUTOTUTELA......................................45

    2.3. PRINCÍPIOS PROCESSUAIS CONSTITUCIONAIS 52

    2.3.1. PRINCÍPIO DO DEVIDO PROCESSO LEGAL ADMINISTRATIVO..52

    2.3.2. PRINCÍPIOS DO CONTRADITÓRIO E DA AMPLA DEFESA 57

    2.3.3. PRINCÍPIO DA FUNDAMENTAÇÃO DAS DECISÕES.......60

    2.4. PRINCÍPIOS ESPECÍFICOS DO DIREITO DE TRÂNSITO.....65

    2.4.1. INTRODUÇÃO 65

2.4.2. PRINCÍPIO DA UNIVERSALIDADE DO DIREITO AO TRÂNSITO SEGURO 66
2.4.3. PRINCÍPIO DA RESPONSABILIDADE OBJETIVA DOS ÓRGÃOS DO SISTEMA NACIONAL DE TRÂNSITO 72
2.4.3.1. CONCEITO DE RESPONSABILIDADE CIVIL 72
2.4.3.2. EVOLUÇÃO DA RESPONSABILIDADE DO ESTADO 73
    2.4.3.2.1. Irresponsabilidade do Estado 73
    2.4.3.2.2. Responsabilidade com culpa civil comum do Estado (responsabilidade subjetiva) 73
    2.4.3.2.3. Teoria da culpa administrativa 73
    2.4.3.2.4. Teoria do risco administrativo (responsabilidade objetiva) 74
    2.4.3.2.5. Teoria do risco integral 75
2.4.3.3. PREVISÃO DA RESPONSABILIDADE OBJETIVA 75

CAPÍTULO 3. ATOS ADMINISTRATIVOS 79

3.1. CONCEITO DE ATO ADMINISTRATIVO 79
3.2. REQUISITOS DE VALIDADE OU ELEMENTOS DO ATO ADMINISTRATIVO 79
    3.2.1. COMPETÊNCIA 80
    3.2.2. FINALIDADE 86
    3.2.3. FORMA 88
    3.2.4. MOTIVO 90
    3.2.5. OBJETO 93
3.3. ATRIBUTOS DO ATO ADMINISTRATIVO 96
    3.3.1. PRESUNÇÃO DE LEGITIMIDADE 96
    3.3.2. IMPERATIVIDADE 98
    3.3.3. AUTOEXECUTORIEDADE 98
    3.3.4. TIPICIDADE 99

3.4. CLASSIFICAÇÃO DOS ATOS ADMINISTRATIVOS 99
   3.4.1. ATOS GERAIS E ATOS INDIVIDUAIS 100
   3.4.2. ATOS VINCULADOS E ATOS DISCRICIONÁRIOS 100
   3.4.3. ATO NULO, ANULÁVEL E INEXISTENTE 102
   3.4.4. ATO PERFEITO, VÁLIDO, EFICAZ E EXEQUÍVEL 102
   3.4.5. ATOS DE IMPÉRIO, GESTÃO E EXPEDIENTE 104
   3.4.6. ATOS SIMPLES, COMPLEXOS E COMPOSTOS 104
   3.4.7. ATOS CONSTITUTIVOS, DECLARATÓRIOS E ABLATÓRIOS 105
3.5. ESPÉCIES DE ATOS ADMINISTRATIVOS 105
   3.5.1. ATOS NORMATIVOS 106
   3.5.2. ATOS PUNITIVOS 106
   3.5.3. ATOS ENUNCIATIVOS 107
   3.5.4. ATOS NEGOCIAIS 107
   3.5.5. ATOS ORDINATÓRIOS 107
3.6. EXTINÇÃO DOS ATOS ADMINISTRATIVOS 108
   3.6.1. ANULAÇÃO 108
   3.6.2. REVOGAÇÃO 108
   3.6.3. CASSAÇÃO 109
3.7. CONVALIDAÇÃO DE ATOS ADMINISTRATIVOS 110
   3.7.1. Tipo de vício e possibilidade de convalidação 110

CAPÍTULO 4. COMPOSIÇÃO DO SISTEMA NACIONAL DE TRÂNSITO (SNT) 112
   4.1. MINISTÉRIO DA INFRAESTRUTURA 114
   4.2. UNIÃO 115
      4.2.1. Órgão máximo executivo de trânsito da União ... 115
      4.2.2. Órgão máximo normativo de trânsito da União .. 116
      4.2.3. Departamento de Polícia Rodoviária Federal (PRF) 117

4.2.4. Órgãos executivos rodoviários de trânsito 119
4.3. ESTADOS | DISTRITO FEDERAL 121
4.3.1. Órgãos normativos e consultivos de trânsito dos Estados e do Distrito Federal..121
4.3.2. Órgãos executivos de trânsito dos estados e do Distrito Federal 122
4.3.3. Polícias militares dos Estados e do Distrito Federal 125
4.4. MUNICÍPIOS 126
4.4.1. Órgãos executivos municipais.............................126
4.4.2. Juntas Administrativas de Recursos e Infrações .131

CAPÍTULO 6. PROCESSO ADMINISTRATIVO PUNITIVO PARA APLICAÇÃO DE MULTA POR INFRAÇÃO DE TRÂNSITO 143

6.1. INTRODUÇÃO 143
6.2. DO AUTO DE INFRAÇÃO DE TRÂNSITO (AIT) 144
6.2.1. Requisitos do Auto de Infração de Trânsito.........146
6.3. FORMAS DE CONSTATAÇÃO DA INFRAÇÃO DE TRÂNSITO 151
6.4. COMPETÊNCIA PARA LAVRAR O AUTO DE INFRAÇÃO DE TRÂNSITO 154
6.5. JULGAMENTO DA CONSISTÊNCIA DO AUTO DE INFRAÇÃO 162
6.6. NOTIFICAÇÃO DA AUTUAÇÃO (NA) 163
6.7. PAGAMENTO DA MULTA COM DESCONTO DE 40%. RENÚNCIA AO DIREITO DE DEFESA 193
6.8. INDICAÇÃO DO CONDUTOR |REAL INFRATOR. MULTA NIC 198

6.9. DA APLICAÇÃO *EX OFFICIO* DA ADVERTÊNCIA POR ESCRITO. DA (DES) NECESSIDADE DE REQUERIMENTO......218

6.10. DEFESA DA AUTUAÇÃO | DEFESA PRÉVIA................224

6.10.1. REQUISITOS ESTRUTURAIS DA DEFESA/RECURSO .225

    6.10.1.1. Da forma 226

    6.10.1.2. Do endereçamento 227

    6.10.1.3. Da qualificação 228

    6.10.1.4. Da identificação do veículo e do auto de infração 228

    6.10.1.5. Dos fatos e dos fundamentos 228

    6.10.1.6. Data e assinatura do requerente ou de seu representante legal..232

6.11. DOS DOCUMENTOS INDISPENSÁVEIS A SEREM APRESENTADOS..232

6.12. REQUISITOS PARA ANÁLISE DA DEFESA OU RECURSO234

6.13. DA PRODUÇÃO DE PROVAS..243

    6.13.1. Do direito fundamental à prova........................244

    6.13.2. Do ônus probandi 246

    6.13.3. Meios de prova 250

6.14. DO JULGAMENTO...257

6.15. DA NOTIFICAÇÃO DA PENALIDADE (NP)....................258

    6.15.1. Das penalidades a serem aplicadas 263

6.16. DO RECURSO EM 1ª INSTÂNCIA - JARI 268

6.17. DO RECURSO EM 2ª INSTÂNCIA | CETRAN – CONTRANDIFE 274

6.18. ENCERRAMENTO DA INSTÂNCIA ADMINISTRATIVA..276

CAPÍTULO 7. PROCESSO ADMINISTRATIVO DE SUSPENSÃO DO DIREITO DE DIRIGIR E CASSAÇÃO DA CNH 279

7.1. DA APLICAÇÃO DA SUSPENSÃO DO DIREITO DE DIRIGIR 279
7.1.1. Do curso preventivo de reciclagem 291
7.2. ETAPAS DO PROCESSO ADMINISTRATIVO DE SUSPENSÃO DO DIREITO DE DIRIGIR 295
7.3. DA CASSAÇÃO DO DOCUMENTO DE HABILITAÇÃO.....303
7.4. Informações finais sobre suspensão do direito de dirigir e cassação do documento de habilitação 308

CAPÍTULO 8. DOS PRAZOS PRESCRICIONAIS...............310

8.1. PRESCRIÇÃO NOS CASOS DE SUSPENSÃO DO DIREITO DE DIRIGIR E CASSAÇÃO DO DOCUMENTO DE HABILITAÇÃO .312
8.1.1 Prescrição punitiva..312
8.1.2. Prescrição executória...316
8.1.3. Prescrição intercorrente 317
8.2. PRESCRIÇÃO NOS CASOS DE PROCESSO PARA APLICAÇÃO DE MULTA DE TRÂNSITO 318
8.2.1. Prescrição da pretensão punitiva........................318
8.2.2. Prescrição executória...319
8.2.3. Prescrição intercorrente 319
8.3. INTERRUPÇÃO E SUSPENSÃO DA PRESCRIÇÃO 319

REFERÊNCIAS BIBLIOGRÁFICAS...................................325

SOBRE O AUTOR

Abrahão Nascimento dos Santos. Servidor público do Estado do Rio de Janeiro, com atuação no Tribunal de Justiça, exercendo o cargo de assistente de gabinete. Ex-advogado, com atuação predominante no contencioso cível. Pós-graduado em Direito Processual Civil pela Universidade Cândido Mendes. Graduado em Direito no ano de 2011 pela Faculdade Brasileira de Ciências Jurídicas.

INTRODUÇÃO

Nossa proposta é apresentar o Direito de Trânsito de forma objetiva, clara e possibilitar que qualquer pessoa, ainda que não seja da área jurídica, consiga elaborar recursos eficientes contra as multas de trânsito.

O Direito de Trânsito é um ramo jurídico recente, com poucos profissionais habilitados e imensa demanda.

Como é perceptível, o material disponível no mercado sobre a matéria é escasso. Na maioria das vezes são oferecidos modelos genéricos, que têm seu valor, no entanto, nem sempre suprirão a necessidade do caso concreto, tendo em vista as peculiaridades dos casos.

Assim, é preciso conhecer de forma relativamente aprofundada a matéria para que a tese adotada seja eficiente e em consonância com a legislação vigente que, por sinal, é modificada continuamente, dificultando seu conhecimento e o êxito nas demandas administrativas.

Desta forma, o conhecimento teórico se torna fundamental, a fim de que, analisando a situação, o leitor possa planejar e executar a melhor estratégia.

Com o objetivo de maximizar o aprendizado, apresentamos, sempre que julgamos necessário, jurisprudência correlata ao tópico estudado.

Atentos ao fato de que a legislação é esparsa e confusa, procuramos transcrever os artigos da legislação citada, proporcionando, desta feita, maior agilidade à leitura.

Objetivamos apresentar o essencial para que o leitor inicie sua jornada como especialista em Direito de Trânsito na esfera administrativa. Além disso, não há dúvidas de que o material será essencial nas eventuais demandas judiciais.

Pretendemos aliar o conhecimento teórico ao prático, viabilizando que ao término do material, o leitor esteja apto a atuar, seja em causa própria ou em favor de terceiros, em todas as etapas do processo administrativo de trânsito.

CAPÍTULO 1. NOÇÕES PRELIMINARES

1.1. CONCEITO DE TRÂNSITO

Extrai-se do art. 1º, §1º, da Lei 9.503/97 (Código de Trânsito Brasileiro) o conceito de trânsito como sendo *"a utilização das vias por pessoas, veículos e animais, isolados ou em grupos, conduzidos ou não, para fins de circulação, parada, estacionamento e operação de carga ou descarga"*.

Tal conceito é complementado pelo anexo I do mesmo Código, que traz a seguinte definição de trânsito: *"movimentação e imobilização de veículos, pessoas e animais nas vias terrestres"*.

Importante destacar que, segundo o anexo I, o conceito de trânsito abrange a MOBILIZAÇÃO e a IMOBILIZAÇÃO dos veículos, não só a mobilização, como muitos acreditam.

A definição de trânsito tem importância na medida em que delimita a incidência da Lei. De acordo com a legislação acima apontada, as normas devem ser aplicadas nas vias públicas.

Tal afirmação é ratificada pelas exceções previstas no art. 2º, parágrafo único, que diz aplicar-se o Código nas vias internas dos condomínios e nos estacionamentos (que não são vias públicas). A necessidade de exceção confirma a regra.

> Lei 9.503/97. Art. 2º. São vias terrestres urbanas e rurais as ruas, as avenidas, os logradouros, os caminhos, as passagens, as estradas e as rodovias, que terão seu uso regulamentado pelo órgão ou entidade com circunscrição sobre elas, de acordo com as peculiaridades locais e as circunstâncias especiais.
>
> Parágrafo único. Para os efeitos deste Código, são consideradas vias terrestres as praias abertas à circulação pública, as vias internas pertencentes aos condomínios constituídos por unidades autônomas e as vias e áreas de estacionamento de estabelecimentos privados de uso coletivo.

Segundo o eminente doutrinador Julyver Modesto de Araújo, *"podemos dizer que a incidência da legislação de trânsito passou a ocorrer em todos os locais em que ocorra um uso coletivo, ainda que se trate de propriedade privada"*[1].

---

[1] CTB Digital. ctbdigital.com.br. Consultado em 30.08.2018, às 14h52minh.

CAPÍTULO 2. ESTUDO DOS PRINCÍPIOS

2.1. INTRODUÇÃO

Os princípios têm importância fundamental no estudo de qualquer ramo do Direito. Em caso de dúvidas, socorremo-nos dos princípios a fim de balizar a fundamentação das defesas.

Ademais, havendo conflito entre a regra imposta pela legislação e os princípios, a análise do caso concreto pode conduzir o julgador a adotar o princípio, que prevalece em relação à regra, dada sua maior abstração e generalidade.

Adicione-se o fato de que os princípios condicionam todo o sistema. Assim, seu conhecimento é indispensável.

2.2. PRINCÍPIOS FUNDAMENTAIS DA ADMINISTRAÇÃO PÚBLICA

Neste tópico vamos falar dos princípios que se aplicam a toda a administração pública, não se restringindo, desta feita, aos processos administrativos de trânsito. São de observância obrigatória.

2.2.1. PRINCÍPIO DA LEGALIDADE

Ao tratarmos do princípio da legalidade, decorrência do Estado de Direito, de imediato, remetemo-nos para o disposto no art. 5º, II, da Carta Política, segundo o qual *"ninguém será obrigado a fazer ou deixar de fazer alguma coisa senão em virtude de lei"*.

Trata-se de norma aplicável aos particulares, significando que esses podem fazer tudo o que não é proibido por lei. Vigora a autonomia da vontade. Apresenta-se como garantia do indivíduo diante do Estado2.

Sobre o tema, adverte Maria Sylvia Zanella Di Pietro:

> Este princípio, juntamente com o de controle da Administração pelo Poder Judiciário, nasceu com o Estado de Direito e constitui uma das principais garantias de

---

[2] TORRES, Ronny Charles de Lopes; NETO, Fernando Ferreira Baltar. Direito Administrativo. Salvador: Juspodivm, 2019, pg. 53.

respeito aos direitos individuais. Isto porque a lei, ao mesmo tempo em que os define, estabelece também os limites da atuação administrativa que tenha por objeto a restrição ao exercício de tais direitos em benefício da coletividade. É aqui que melhor se enquadra aquela ideia de que, na relação administrativa, a vontade da Administração Pública é a que decorre da lei. (in: Direito Administrativo. 21. ed. São Paulo : Atlas, 2008. p. 62-63).

Lado outro, em se tratando de Direito Administrativo, temos que a administração somente deve agir de acordo com aquilo que determina a lei. Desta forma, há garantia ao administrado de que o ato administrativo será praticado nos exatos termos do quanto estabelecido pela legislação. Caso contrário, o ato é inválido.

> Tal subordinação pode ser identificada por duas vertentes: o da vinculação negativa (*negative bindung*), segundo a qual a legalidade representaria uma limitação para a atuação do administrador, e o da vinculação positiva (*positive bidung*), segundo o qual a atuação dos agentes públicos depende de autorização legal[3].

A título de exemplo, preceitua o art. 282 e §6º do CTB que, uma vez não apresentada defesa prévia no prazo estabelecido, será aplicada a penalidade **e expedida notificação ao proprietário do veículo ou ao infrator, no prazo máximo de 180 (cento e oitenta) dias**[4],

---

[3] TORRES, Ronny Charles de Lopes; NETO, Fernando Ferreira Baltar. Direito Administrativo. Salvador: Juspodivm, 2019, pg. 53.
[4] O prazo referido é fruto da modificação efetuada pelas leis 14.071/2021 e 14.229/20221. Anteriormente o prazo era de 30 dias.

contado da data do cometimento da infração ou da conclusão do processo administrativo, a depender da penalidade aplicada.

A notificação será efetuada por remessa postal ou por qualquer outro meio tecnológico hábil[5] que assegure a ciência da imposição da penalidade.

Conforme se nota – e o tema será minuciosamente desenvolvido quando da análise do procedimento a ser adotado no processo administrativo – a expedição da notificação após o prazo estabelecido representa desrespeito à legalidade, sendo o ato eivado de nulidade. Dúvidas não restam de que a comprovação está a cargo do órgão autuador. Neste sentido caminha a jurisprudência, *verbis*:

> ADMINISTRATIVO. MULTAS DE TRÂNSITO. ADESÃO VOLUNTÁRIA À PLATAFORMA DO SISTEMA DE NOTIFICAÇÃO ELETRÔNICA (SNE). ÔNUS PROBATÓRIO DO DEPARTAMENTO DE ESTRADAS E RODAGEM DO DISTRITO FEDERAL (DER/DF): EFETIVA NOTIFICAÇÃO DO INFRATOR (CÓDIGO DE TRÂNSITO, ARTIGO 282-A). NÃO SATISFATORIAMENTE DEMONSTRADO (CPC, ART. 373, II). NULIDADE DOS AUTOS DE INFRAÇÃO. RECURSO IMPROVIDO. I. Ação ajuizada pelo ora recorrido, com vistas à anulação de cinco Autos de Infração, dos quais alega não ter sido notificado no prazo de 30 dias. Recurso do DER/DF contra a sentença de

---

[5] O art. 282-A, do CTB faculta ao proprietário do veículo ou ao condutor a opção de notificação por meio eletrônico. A notificação eletrônica é regulamentada pela Resolução 931/2022.

procedência dos pedidos, sob o fundamento de que o recorrido teria aderido ao Sistema de Notificação Eletrônica (SNE), em 03.1°.2017. II. Conforme informações da parte recorrente (também constantes do sítio eletrônico do DENATRAN), o SNE (Sistema de Notificação Eletrônica) é uma solução do DENATRAN (Departamento Nacional de Trânsito), desenvolvido pelo SERPRO (Serviço Federal de Processamento de Dados), que possibilita aos proprietários de veículos automotores receberem descontos de até 40% em suas infrações de trânsito. Ao se cadastrar no SNE, o cidadão poderá inserir os dados dos veículos automotores, registrados em seu nome, e receber as notificações de infrações de trânsito aplicadas pelos órgãos autuadores que aderiram à solução. O usuário poderá inserir ou excluir os veículos cadastrados a qualquer tempo. O proprietário do(s) veículos(s) cadastrado(s) no SNE passará a ser comunicado, eletronicamente, acerca das notificações de autuação e de penalidade de trânsito de responsabilidade dos órgãos autuadores optantes pelo SNE. Poderá, ainda, visualizar os detalhes de cada infração de trânsito e optar pelo seu reconhecimento. Desta forma, será oferecida a ele a possibilidade de pagar a infração com descontos de até 40% de desconto. Ao realizar o cancelamento da adesão do veículo no SNE, o proprietário voltará a ser comunicado de suas notificações de autuação e penalidade de trânsito, para o(s) veículo(s) cadastrado(s), no formato tradicional - impresso e via Correios. III. **No caso concreto, não prospera a alegação recursal de que o recorrido teria sido tempestivamente notificado por meio do SNE. Com efeito, não se pode desconsiderar que o DER, especificamente intimado para comprovar a notificação, limitou-se a colacionar os documentos de ID 12732378 (em que consta a informação de veículo com adesão ao SNE, em 03.1º.2017), sem indicar sequer a suposta data de acesso do recorrido ao sistema ou qualquer outro elemento apto a demonstrar o cumprimento da exigência legal.** Isso sem deslembrar que as notificações de penalidade foram enviadas ao recorrido por via postal, o que reforça a alegação de possível inconsistência no sistema. IV. Desse modo, escorreita a sentença que decidiu pela procedência do pedido autoral e declarou a nulidade dos Autos de Infração. V. Recurso conhecido e improvido. Sentença mantida por seus próprios fundamentos. Sem custas processuais. Condenado o recorrente ao pagamento dos honorários advocatícios fixados em 10% sobre o valor da causa (Lei n. 9099/95, Art. 55). (*Acórdão 1227185, 07321362820198070016, Relator Des.* FERNANDO ANTONIO TAVERNARD LIMA, *3ª Turma Recursal dos Juizados Especiais do Distrito Federal, data de julgamento: 4/2/2020, publicado no DJe: 11/2/2020*).

APELAÇÃO CÍVEL - ADMINISTRATIVO - AÇÃO DE ANULAÇÃO DE MULTA DE TRÂNSITO - INOBSERVÂNCIA, PELA ADMINISTRAÇÃO PÚBLICA, DO PRAZO DE 30 DIAS PARA JULGAR O RECURSO - **NULIDADE DA SANÇÃO - AFRONTA AO CONTIDO NO ARTIGO 285 DO CTB[6] E AOS PRINCÍPIOS DA LEGALIDADE E DEVIDO PROCESSO LEGAL.** RECURSO DE APELAÇÃO CONHECIDO E NEGADO PROVIMENTO.

A controvérsia constante nos autos restringe-se a possibilidade de ser anulado o auto de infração por ter a JARI excedido o prazo determinado no artigo 285 do CTB de 30 (trinta) dias.

Pois bem, **o princípio constitucional da legalidade reza que as condutas da Administração Pública devem estrita observância ao contido na lei ou no ato normativo administrativo.** Esse é, inclusive, o instrumento pelo qual se permite ao Poder Público praticar atos que possam ferir interesses dos administrados, pois, sempre que a lei respaldar haverá presunção absoluta do interesse público, e, por outro lado, sempre que não houver lei permitindo determinado ato deverá prevalecer o direito individual.

Assim, **a administração pública, ao impor sanção à apelada atenta contra o princípio constitucional da legalidade administrativa - artigo 37, caput, da Constituição Federal, fazendo por merecer a reprimenda de nulidade.**

Como decorrência do princípio da legalidade, temos o princípio do devido processo legal, visto que, **para se impor uma sanção ao administrado será imprescindível que a**

---

[6] O art. 285 foi modificado pela lei 14.229/2021. Leia-se art. 282, §§6º e 7º, do CTB.

Administração Pública não apenas cumpra a lei, mas, principalmente, observe o devido processo por ela estabelecido.

Destarte, a partir do momento em que esse processo foi estabelecido, independentemente de sua origem remontar a uma faculdade ou opção do ente político, é imperioso que ele seja cumprido, pois essa é a esperança embutida no espírito dos administrados, ou seja, todos os motoristas esperam francamente que o Pode Público cumpra o devido processo legal estabelecido.

Diante do exposto, em respeito a princípio da legalidade e do devido processo legal, voto no sentido de conhecer e negar provimento ao recurso de apelação, mantendo a decisão monocrática como lançada está (APELAÇÃO CÍVEL Nº 786892-0, DA COMARCA DE LONDRINA - 2ª VARA CÍVEL - ESTADO DO PARANÁ; RELATORA: DES.ª REGINA AFONSO PORTES) (*grifamos e selecionamos as partes do acórdão que consideramos mais relevantes*).

Atento à necessidade de a administração cumprir os prazos estabelecidos, preceitua o art. 282, §7º, do CTB, que o descumprimento dos prazos previstos no §6º, que trata da expedição da notificação da penalidade, implicará a decadência do direito de aplicar a respectiva penalidade.

ATENÇÃO!

No Estado de Direito, no qual vigora o império da lei, a Administração somente pode atuar conforme a lei (*secundum legem*). Não há possibilidade de atuação além da lei (*praeter legem*) ou contra a lei (*contra legem*). Atuando fora dos limites impostos, o ato é inválido, devendo ser ressaltado que a invalidade pode ser declarada pela própria Administração ou pelo Judiciário.

Interessante observar que a Administração não está vinculada apenas à lei, mas aos princípios jurídicos e aos seus próprios atos normativos (portarias, decretos, resoluções etc).

Por fim, ressalte-se que **os atos administrativos têm a função de dar fiel execução à Lei, regulamentá-la. Não podem criar direitos e obrigações que excedam ao comando legal.**

2.2.1.1. Legalidade estrita. Legitimidade. Juridicidade

Ao longo dos anos, o princípio da legalidade, ora em análise, passou por um processo evolutivo, podendo falar-se em **legalidade estrita, legitimidade e juridicidade**.

Inspirado no modelo de Estado Liberal, a **legalidade estrita**, primeira etapa da legalidade administrativa, tinha como meta obstar as arbitrariedades cometidas pelo Estado Absolutista. Assim, garantia-se ao administrado que o Poder Público somente poderia agir de acordo com o determinado em lei, devidamente aprovada pelos representantes do povo. Competia ao Estado a simples execução das regras.

Em determinado momento, observou-se que a vinculação estrita deu azo à prática de arbitrariedades, tendo-se como fundamento a própria lei.

Daí surge o conceito de **legitimidade**. Assim, a administração não está vinculada somente à lei, mas também à moralidade e à finalidade pública, ampliando-se a vinculação negativa. Isso porque, quando se fala em legitimidade, o controle não é restringido às leis, abrangendo as normas jurídicas, quais sejam, leis e princípios.

> ... Tal concepção induz uma maior amplitude ao controle do ato administrativo, sendo permitido ao Poder Judiciário, invalidá-lo, avaliando sua adequação à finalidade pública e aos princípios que regem a Administração Pública, como a moralidade[7].

Em um terceiro momento, avança-se ainda mais. Entende-se que a Administração está vinculada a todo o ordenamento jurídico (atuação conforme a lei e o Direito), resultando no conceito de **juridicidade**[8]. Amplia-se a vinculação positiva.

> A juridicidade é apresentada como um conceito maior, que extrapola a compreensão tradicional de legalidade estrita,

---

[7] TORRES, Ronny Charles de Lopes; NETO, Fernando Ferreira Baltar. Direito Administrativo. Salvador: Juspodivm, 2019, pg. 54.
[8] Também conhecido como bloco de legalidade ou princípio da juridicidade administrativa.

pois vincula a Administração Pública ao ordenamento jurídico como um todo (formado não apenas pelas leis, mas também pela Constituição e pelos princípios jurídicos), permitindo uma margem maior de autonomia, dentro dos limites apresentados pelo ordenamento constitucional, para a satisfação das diretrizes apresentadas por ele[9].

Importante notar que a administração está vinculada a seus próprios atos normativos, como decretos e regulamentos.

Observe-se que, como regra, a administração não pode inovar o ordenamento jurídico. Vale dizer, não pode criar novos direitos e obrigações. A edição de atos normativos deve obedecer aos limites da lei, servindo para dar-lhe fiel execução.

> Art. 84. Compete privativamente ao Presidente da República:
>
> IV - sancionar, promulgar e fazer publicar as leis, bem como **expedir decretos e regulamentos para sua fiel execução.**

Excepcionalmente, há a possibilidade de o Poder Executivo inovar, quando houver autorização expressa na Constituição. Como exemplos de inovações permitidas constitucionalmente, destacamos: i) as

---

[9] TORRES, Ronny Charles de Lopes; NETO, Fernando Ferreira Baltar. Direito Administrativo. Salvador: Juspodivm, 2019, pg. 55.

medidas provisórias (art. 62, CF); ii) leis delegadas (art. 68. CF); iii) decretos autônomos (art. 84, VI, CF).

ANÁLISE CRÍTICA

Não há dúvidas de que o princípio da legalidade é de fundamental importância para a ordem democrática, pilar do ordenamento. Ocorre que, na prática, em se tratando de processo administrativo, não é observada a evolução do princípio, de acordo como o que expusemos. Por vezes, significa engessamento da máquina, ocasionando decisões em desconformidade com a justiça do caso concreto.

O excesso de formalismo e o atendimento restrito à letra da lei torna inviável a análise com base na ponderação dos princípios, bem como na jurisprudência firmada pelos tribunais superiores. Assim, o direito do condutor se torna mitigado.

Como exemplo, podemos citar a introdução, como infração autônoma, do art. 165-A ao CTB (recusa ao teste do etilômetro), introduzido pela lei 13.281/2016. Não restam dúvidas que a clara intenção da lei, de forma acertada, ressalte-se, é punir com maior severidade aqueles que dirigem sob influência de substâncias psicoativas e deixam de ser punidos por recusar realizar o teste do etilômetro.

Ocorre que a nova capitulação estipula para esses casos a mesma punição aplicada para aqueles que foram "reprovados" no teste.

Inegável que há clara violação ao princípio da proporcionalidade, já que aquele que se recusou (por motivos diversos e desconhecidos) terá penalidade idêntica ao que realizou o teste, tendo sido confirmada a ingestão de substâncias psicoativas. Logo, a regra é evidentemente inconstitucional[10].

Em que pese ser prioritária a utilização do etilômetro (Resolução CONTRAN 432, art. 3º, §2º), não há que se alegar que o cidadão deveria submeter-se ao famigerado teste, em que pese o firme posicionamento doutrinário em sentido contrário. A uma, porque se trata de liberdade individual. A duas, porque existem outros meios para constatação da ingestão de substâncias, ainda que sem a realização do teste do etilômetro, conforme procedimentos previstos nas normas da Resolução 432 do CONTRAN:

Art. 3º. A confirmação da alteração da capacidade psicomotora em razão da influência de álcool ou de outra substância psicoativa que determine dependência dar-se-á por meio de, pelo menos, um dos seguintes procedimentos a serem realizados no condutor de veículo automotor:

IV. verificação dos sinais que indiquem a alteração da capacidade psicomotora do condutor.§1º. Além do disposto nos incisos deste artigo, também poderão ser utilizados prova testemunhal, imagem, vídeo ou qualquer outro meio de prova em direito admitido.

Art. 5º Os sinais de alteração da capacidade psicomotora poderão ser verificados por:

---

[10] Sobre o tema, consulte artigo publicado pelo autor: https://atualizacaodireito.jusbrasil.com.br/artigos/552088692/recusa-bafometro-presuncao-de-inocencia-e-teste-bafometro

II – constatação, pelo agente da Autoridade de Trânsito, dos sinais de alteração da capacidade psicomotora nos termos do Anexo II.

No mesmo sentido do texto, jurisprudência da lavra da Turma Recursal do Juizado Fazendário do Rio Grande do Sul, *verbis*:

"RECURSO INOMINADO. DETRAN/RS. AUTO DE INFRAÇÃO DE TRÂNSITO. RECUSA DO CONDUTOR EM SUBMETER-SE AO TESTE DO ETILÔMETRO. ARTIGO 165-A DO CTB. INCONSTITUCIONALIDADE. SENTENÇA REFORMADA. 1) A demandante foi autuada pelo cometimento de infração de trânsito consistente em 'Recusar-se a ser submetido a teste, exame clínico, perícia ou outro procedimento que permita certificar influência de álcool ou outra substância psicoativa, na forma estabelecida pelo art. 277', prevista no artigo 165-A do CTB. 2) De acordo com a redação do artigo supracitado, e a lógica que dele se depreende, somente é possível autuar o condutor que se recuse a realizar os testes caso esse apresente sinais externos de influência de álcool -, os quais deverão ser devidamente certificados por meio do Termo próprio, com descrição de todas as características que levam à conclusão e na presença de testemunha idônea, ou outros meios, descritos no art. 277 do CTB. 3) Desse modo, não sendo constatado formalmente que o cidadão conduzia veículo automotor sob sinais externos de álcool ou substância psicoativa, não há infração de trânsito. 4) Destarte, autuar o condutor que não apresenta qualquer ameaça à segurança no trânsito, pela mera recusa em realizar os testes oferecidos pelos agentes de trânsito, configura arbitrariedade. 5) **Infração pelo artigo 165-A do CTB que viola frontalmente os Princípios Constitucionais de Liberdade (direito de ir e vir), Presunção de Inocência e de Não Auto Incriminação e**

Individualização da Pena, previstos no art. 5º, XV, LVII, LXIII, e XLVI da CF. 6) Aplicação afastada, no caso concreto, pelo controle difuso de constitucionalidade, com afastamento da regra de Reserva de Plenário (ARE 792562 AgR, Relator: Min. Teori Zavascki, Segunda Turma, julgado em 18/03/2014). 7) RESTITUIÇÃO DAS TAXAS – Comprovado o pagamento pela parte autora, é devida a essa a restituição dos valores pagos, com a incidência da taxa SELIC, a partir da data do desembolso. RECURSO INOMINADO PROVIDO, POR MAIORIA (Recurso Cível 71008180853. Segunda Turma Recursal da Fazenda Pública. Relator: Mauro Caum Gonçalves. Julgado em 27.02.2019".

A constitucionalidade do dispositivo foi analisada pelo STF, que reconheceu a repercussão geral da questão, tendo gerado o Tema 1079, RE 1224374.

O Tribunal, por unanimidade, apreciando o tema 1.079 da repercussão geral, deu provimento ao recurso extraordinário, nos termos do voto do Relator, Ministro Luiz Fux (Presidente). Foi fixada a seguinte tese: "Não viola a Constituição a previsão legal de imposição das sanções administrativas ao condutor de veículo automotor que se recuse à realização dos testes, exames clínicos ou perícias voltados a aferir a influência de álcool ou outra substância psicoativa (art. 165-A e art. 277, §§ 2º e 3º, todos do Código de Trânsito Brasileiro, na redação dada pela Lei 13.281/2016)". Plenário, 19.5.2022.

2.2.2. PRINCÍPIO DA MORALIDADE

O princípio da moralidade exige a atuação ética dos agentes públicos. É **condição de validade** do ato administrativo. Sua inobservância torna o ato inválido, passível de reconhecimento de nulidade. Trata-se de análise de legitimidade e não mero juízo de oportunidade e conveniência, fator que permite o controle pela própria administração ou pelo Judiciário, se provocado.

A moralidade administrativa vai além da aplicação pura e simples da letra da lei.

> ... É necessário que se atenda à letra e ao espírito da lei, que ao legal junte-se o ético (não mais se tolera a velha e distorcida ideia de que o agente público poderia dedicar-se a procurar "brechas" na lei, no intuito de burlar os controles incidentes sobre a sua atuação e, dessa forma, promover interesses espúrios). Por essa razão, é acertado asseverar que o princípio da moralidade complementa, ou torna mais efetivo, materialmente, o princípio da legalidade[11].

Parte da doutrina vincula a moralidade administrativa à boa-fé.

Ressalte-se que na qualidade de princípio constitucional, e inexistindo discricionariedade do agente público, ainda que a conduta praticada mostre-

---

[11] ALEXANDRINO, Marcelo; PAULO, Vicente. Direito Administrativo Descomplicado. Rio de Janeiro: Forense, 2021, pg. 203.

se aparentemente compatível com a lei, se verificada ofensa à moralidade, o ato é nulo.

2.2.3. PRINCÍPIO DA IMPESSOALIDADE

O princípio da impessoalidade pode ser analisado sob duas vertentes, a saber:

i. **Finalidade**. Trata-se de um princípio constitucional implícito, inserido no princípio da impessoalidade. Nesse aspecto, toda a atuação da administração tem como meta atingir o interesse público. O ato praticado sem que seja observado o fim a que se destina é nulo, por desvio de finalidade.

O princípio da finalidade impede que o ato seja praticado com o objetivo de atender aos interesses do agente público ou de terceiros. O ato deve atender à lei.

Pode ser dividido em **finalidade geral**, que é a satisfação do interesse público e a **finalidade específica**, consubstanciando-se no objetivo a ser atingido pela lei.

ii. **Vedação de promoção pessoal**. Impede a promoção pessoal do agente público utilizando o nome da administração. Está previsto no art. 37, §1º, da Constituição.

> Art. 37, §1º, CF. A publicidade dos atos, programas, obras, serviços e campanhas dos órgãos públicos deverá ter caráter educativo, informativo ou de orientação social, dela não podendo constar nomes, símbolos ou imagens que caracterizem promoção pessoal de autoridades ou servidores públicos.

A lei do processo administrativo (lei 9.784/99) aponta as duas vertentes retromencionadas.

> Art. 2º, Lei 9.784/99. A Administração Pública obedecerá, dentre outros, aos princípios da legalidade, finalidade, motivação, razoabilidade, proporcionalidade, moralidade, ampla defesa, contraditório, segurança jurídica, interesse público e eficiência.
>
> Parágrafo único. Nos processos administrativos **serão observados**, entre outros, os critérios de:
>
> III - objetividade no atendimento do interesse público, **vedada a promoção pessoal de agentes ou autoridades**;
>
> XIII - **interpretação da norma administrativa da forma que melhor garanta o atendimento do fim público** a que se dirige, vedada aplicação retroativa de nova interpretação.

2.2.4. PRINCÍPIO DA PUBLICIDADE

O princípio da publicidade, assim como o princípio da impessoalidade, pode ser visualizado sob duas perspectivas. Num primeiro momento, obedece-se ao princípio ora em análise com a **publicação do ato no órgão oficial**. Assim, dá-se eficácia ao ato praticado. Significa dizer que somente com a referida publicação o ato administrativo produzirá efeitos.

Anteriormente, a doutrina era mais inflexível, considerando como inválido o ato sem publicidade; ou seja, a publicidade seria *requisito de validade*. Modernamente, tem-se entendido que cada hipótese precisa ser analisada separadamente, inclusive a lei que disponha sobre ela. Em várias situações, a falta de publicidade não retira a validade do ato, funcionando como *fator de eficácia:* o ato é válido, mas inidôneo para produzir efeitos jurídicos[12].

Deverá haver publicação sempre que o ato deva produzir efeitos externos ou implique ônus ao patrimônio público.

Prevê a lei 9.784/99 em seu art. 2ª, parágrafo único, V, *in verbis*:

Parágrafo único. Nos processos administrativos serão observados, entre outros, os critérios de:

V. **divulgação oficial dos atos administrativos**, ressalvadas as hipóteses de sigilo previstas na Constituição.

Por outro lado, é visto como **exigência de transparência** da atuação da administração. É decorrência do princípio da indisponibilidade do interesse público.

---

[12] ALEXANDRINO, Marcelo; PAULO, Vicente. Direito Administrativo Descomplicado. Rio de Janeiro: Forense, 2021, pg. 209.

Constitui garantia individual com escopo de assegurar a transparência, o direito de petição aos poderes públicos e o direito de obtenção de certidões em repartições públicas.

> Art. 5º, XXXIV, CF. São a todos assegurados, independentemente do pagamento de taxas:
>
> a. o **direito de petição aos Poderes Públicos** em defesa de direitos ou contra ilegalidade ou abuso de poder;
>
> b. a **obtenção de certidões em repartições públicas**, para defesa de direitos e esclarecimento de situações de interesse pessoal.

Reforça o princípio da transparência os arts. 5º, XXXIII, art. 37, §3º, II e art. 216, §2º, todos da Carta Magna:

> Art. 5º, XXXIII. Todos têm **direito a receber dos órgãos públicos informações** de seu interesse particular, ou de interesse coletivo ou geral, que serão prestadas no prazo da lei, sob pena de responsabilidade, ressalvadas aquelas cujo sigilo seja imprescindível à segurança da sociedade e do Estado.
>
> Art. 37, §3º. A lei disciplinará as formas de participação do usuário na administração pública direta e indireta, regulando especialmente:
>
> II - o **acesso dos usuários a registros administrativos** e a informações sobre atos de governo, observado o disposto no art. 5º, X e XXXIII.
>
> Art. 216, §2º. Cabem à administração pública, na forma da lei, a gestão da documentação governamental e as **providências para franquear sua consulta a quantos dela necessitem**.

A fim de regulamentar a aplicação dos três dispositivos acima mencionados, foi publicada a lei 12.527/2011, denominada Lei de acesso à Informação. Trata-se de uma **lei de normas gerais**, de caráter nacional, ou seja, é de observância obrigatória por todos os entes da federação, logo, aplicável ao processo administrativo de trânsito.

Assim, subordinam-se ao regime desta Lei (art. 1º, parágrafo único e incisos da Lei 12.527/11):

I. os **órgãos públicos** integrantes da administração direta dos Poderes Executivo, Legislativo, incluindo as Cortes de Contas, e Judiciário e do Ministério Público;

II. as autarquias, **as fundações públicas, as empresas públicas, as sociedades de economia mista** e demais entidades controladas direta ou indiretamente pela União, Estados, Distrito Federal e Municípios.

III. as **entidades privadas sem fins lucrativos** que **recebam**, para realização de ações de interesse público, **recursos públicos** diretamente do orçamento ou mediante subvenções sociais, contrato de gestão, termo de parceria, convênios, acordo, ajustes ou outros instrumentos congêneres. A sujeição se restringe à parcela dos recursos públicos e sua destinação.

Uma vez obedecidas as regras gerais estabelecidas pela lei 12.527/11, o Distrito Federal, estados e municípios podem legislar para definir regras específicas, conforme previsto no art. 45 da lei.

É dever do Estado garantir o direito de acesso à informação, que será franqueada, mediante procedimentos objetivos e ágeis, de forma transparente, clara e em linguagem de fácil compreensão (art. 5º).

Frise-se que não pode ser negado acesso a informações necessárias à tutela judicial ou administrativa de direitos fundamentais (art. 21).

As informações pessoais devem ser tratadas de forma transparente e com respeito à intimidade, vida privada, honra e imagem das pessoas (art. 31).

As informações pessoais relativas à intimidade, vida privada, honra e imagem terão seu acesso restrito, independentemente de classificação de sigilo e pelo prazo máximo de 100 (cem) anos a contar da sua data de produção, a agentes públicos legalmente autorizados e à pessoa a que elas se referirem e poderão ter autorizada sua divulgação ou acesso por terceiros diante de previsão legal ou consentimento expresso da pessoa a que elas se referirem (art. 31, §1º, I e II).

A restrição de acesso à informação relativa à vida privada, honra e imagem de pessoa não poderá ser invocada com o intuito de prejudicar processo de apuração de irregularidades em que o titular das informações estiver envolvido, bem como em ações voltadas para a recuperação de fatos históricos de maior relevância (art. 31, §4º).

Qualquer interessado pode apresentar pedido de acesso a informações aos órgãos e entidades sujeitos à Lei 12.527/2011, por qualquer meio legítimo. É rigorosamente proibida a imposição de exigências relativas aos motivos determinantes da solicitação de informações de interesse público (art. 10). Basta que o pedido contenha a identificação do requerente e a especificação da informação requerida. Os órgãos e entidades do poder público devem viabilizar alternativa de encaminhamento de pedidos de acesso por meio de seus sítios oficiais na internet (art. 10, § 2.º).

... Assim, embora a lei frequentemente empregue a expressão "interessado" para se referir ao solicitante da informação, deve ficar claro que, se a informação for de interesse público, o requerente não precisa justificar o seu pedido, nem apresentar motivo algum que o leve a querer conhecer a informação[13].

O órgão ou entidade pública deverá autorizar ou conceder o acesso imediato à informação disponível (art. 11). Não sendo possível conceder o acesso imediato, o órgão ou entidade que receber o pedido deverá, em prazo não superior a 20 dias, com possibilidade de prorrogação por 10 dias (art. 11, §§1º e 2º):

i. comunicar a data, local e modo para se realizar a consulta, efetuar a reprodução ou obter a certidão;

ii. indicar as razões de fato ou de direito da recusa, total ou parcial, do acesso pretendido; ou

iii. comunicar que não possui a informação, indicar, se for do seu conhecimento, o órgão ou a entidade que a detém, ou, ainda, remeter o requerimento a esse órgão ou entidade, cientificando o interessado da remessa de seu pedido de informação.

O órgão ou entidade poderá oferecer meios para que o próprio requerente possa pesquisar a informação de que necessitar (art. 11,§3º).

---

[13] ALEXANDRINO, Marcelo; PAULO, Vicente. Direito Administrativo Descomplicado. Rio de Janeiro: Forense, 2021, pg. 216.

O serviço de busca e de fornecimento de informação é gratuito, podendo ser cobrado valor necessário ao ressarcimento dos custos dos serviços e dos materiais utilizados, quando o serviço de busca e de fornecimento da informação exigir reprodução de documentos pelo órgão ou pela entidade pública consultada. Garante-se a isenção para aquele cuja situação econômica não lhe permita fazê-lo sem prejuízo do sustento próprio ou da família (art. 12 e §§).

> Se ao pedido do administrado for respondido que a informação solicitada extraviou-se, poderá ele requerer à autoridade competente a imediata abertura de sindicância para apurar o desaparecimento da respectiva documentação. Nessa hipótese, o responsável pela guarda da informação extraviada deverá, no prazo de dez dias, justificar o fato e indicar testemunhas que comprovem sua alegação[14].

O direito de acesso aos documentos ou às informações neles contidas, quando **utilizados como fundamento da tomada de decisão e do ato administrativo** será assegurado com a edição do ato decisório respectivo (art. 7º, §3º). Significa que, após a publicação do ato decisório, o administrado tem o direito de ter acesso aos documentos e informações que serviram de fundamento para a decisão.

---

[14] ALEXANDRINO, Marcelo; PAULO, Vicente. Direito Administrativo Descomplicado. Rio de Janeiro: Forense, 2021, pg. 216.

ATENÇÃO!

Ressalte-se que há a possibilidade de o administrado ter acesso aos documentos de forma prévia, quando indispensáveis para instruir a defesa.

No caso de indeferimento de acesso a informações ou às razões da negativa do acesso, poderá o interessado interpor recurso contra a decisão no prazo de 10 (dez) dias a contar da sua ciência. O recurso será dirigido à autoridade hierarquicamente superior à que exarou a decisão impugnada, que deverá se manifestar no prazo de 5 (cinco) dias (art. 15).

Negado o acesso à informação pelos órgãos ou entidades do Poder Executivo Federal, o requerente poderá recorrer à Controladoria-Geral da União, no prazo de 10 dias, que deliberará no prazo de 5 (cinco) dias (art. 16). O recurso somente poderá ser dirigido à Controladoria-Geral da União depois de submetido à apreciação de pelo menos uma autoridade hierarquicamente superior àquela que exarou a decisão impugnada, que deliberará no prazo de 5 (cinco) dias.

Negado o acesso à informação pela Controladoria-Geral da União, poderá ser interposto recurso, no prazo de 10 dias, à Comissão Mista de Reavaliação de Informações, a que se refere o art. 35 (art. 16, §3º).

Os procedimentos de revisão de decisões denegatórias proferidas no recurso previsto no art. 15 e de revisão de classificação de documentos sigilosos serão objeto de regulamentação própria dos Poderes Legislativo e Judiciário e do Ministério Público, em seus respectivos âmbitos, assegurado ao solicitante, em qualquer caso, o direito de ser informado sobre o andamento de seu pedido (art. 18).

Aplica-se subsidiariamente a lei 9.784/99, que trata do processo administrativo, aos procedimentos previstos na lei 12.527/11 no que se refere à apresentação, instrução e decisão dos pedidos de acesso a informações e recursos respectivos[15].

Também decorre da transparência a exigência de motivação dos atos administrativos, tema que será desenvolvido em momento posterior nesta obra.

---

[15] ALEXANDRINO, Marcelo; PAULO, Vicente. Direito Administrativo Descomplicado. Rio de Janeiro: Forense, 2021, pg. 218.

Por fim, confira-se interessante decisão na qual resta estabelecido que a motivação/fundamentação do ato administrativo é instrumento do princípio da publicidade:

ADMINISTRATIVO. AUTO DE INFRAÇÃO. NULIDADE. MULTA ADMINISTRATIVA. ANTT. EVASÃO. AUSÊNCIA DE MOTIVAÇÃO. PRESUNÇÃO RELATIVA DE VERACIDADE E LEGITIMIDADE DOS ATOS ADMINISTRATIVOS.

O art. 50, II, da Lei n.º 9.784/99, estabelece que os atos administrativos que "imponham ou agravem deveres, encargos ou sanções" deverão ser motivados. O ato desprovido de motivação é ato insuscetível de compor objeto do controle analítico de legalidade exercido pelo Poder Judiciário, nos termos do art.53 da Lei 9.784/99, Sumula 473 do Supremo Tribunal Federal e art.2º da Lei 4.717/65. Não basta, para sustentar a validade de auto de infração, o simples argumento, sem qualquer lastro probatório, de que os atos administrativos gozam de presunção de veracidade e legitimidade. Os atos sancionatórios da Administração Pública devem ser expedidos de forma suficientemente clara e lastreados em prova idônea.

O ato administrativo impugnado decorre do genuíno Poder de Império de Estado. Daí porque, embora possa restringir direitos dos administrados em prol da coletividade, há de ser expedido de maneira fundamentada, a fim de que, não só o administrado, como também toda a sociedade civil possa manter um controle sobre a juridicidade dos atos praticados pela Administração Pública. Em outras palavras, **o dever de fundamentação dos atos administrativos decorre tanto da necessidade de se assegurar a ampla defesa e o devido processo ao administrado, quanto também do princípio constitucional da publicidade** - poderoso instrumento posto à disposição da cidadania para exercer o controle da administração, sobretudo a partir da análise dos motivos que deflagram a expedição de atos que limitam direitos dos administrados.

40

... Tal exigência não foi observada no processo administrativo *sub judice*, pois, como salientou o magistrado singular, "os atos carecem de fundamentação, na medida em que não há qualquer imagem relacionada com as notificações, tampouco identificação do servidor responsável por lavrá-las. Além disso, seria necessário melhor detalhamento da descrição da infração, elucidando de forma clara como ela ocorreu. A descrição dos fatos é ausente ou lacônica, considerando que nem a forma de sinalização foi especificada ou como se deu a evasão do local. Esses são requisitos imprescindíveis à autuação, pois o administrado defende-se de fatos e não de tipos legais. Ora, pensar diversamente implicaria atribuir ao administrado o ônus de produzir prova negativa, sem sequer saber, de resto, quais foram os motivos a partir do quais a autoridade administrativa inferiu ser o motorista o responsável pela infração." (grifos nossos).

Observe-se que o princípio em estudo possui grande importância, tendo em vista que permite ao condutor/infrator o acesso a informações em poder da administração que podem contribuir para o sucesso de suas defesas/recursos.

2.2.5. PRINCÍPIO DA EFICIÊNCIA

O princípio da eficiência foi inserido no art. 37, *caput*, da Constituição, pela Emenda Constitucional 19/98, conhecida como reforma administrativa. Alinha-se com o modelo de administração gerencial, que tem foco no resultado.

É possível identificarmos dois tipos de gestão: a administração burocrática e a administração gerencial.

Administração burocrática: prevalente no período anterior ao ano de 1998. Representa o tipo de gestão engessada, burocrática, com base na lei. Privilegia os meios, hierarquia, forma e processo.

Administração gerencial: surge com a emenda constitucional 19/98. O foco é direcionado ao resultado. Visa desburocratizar os processos. Baseado na colaboração, eficiência.

Em linhas gerais, pode-se dizer que o referido princípio tem como premissa o gerenciamento dos recursos públicos com o objetivo de obter o melhor resultado possível com o menor custo para a administração. Frise-se que o melhor custo-benefício não significa, necessariamente, menores valores.

Decorre do princípio ora em análise, dentre outros, o dever de economicidade, qualidade, redução de desperdícios etc.

Importante ressaltar que a eficiência deve ser analisada em conjunto com os demais princípios, sendo certo que, na sistemática adotada em nosso ordenamento, há de se proceder à ponderação dos princípios, técnica segundo a qual um princípio não exclui o outro. Assim, não é possível que, sob o argumento de economia de tempo, por exemplo, fira-se a legalidade.

Segundo a lição de José dos Santos Carvalho Filho, eficiência, eficácia e efetividade são conceitos que não se confundem. A **eficiência** seria o modo pelo qual se exerce a função administrativa. A **eficácia** diz respeito aos meios e instrumentos empregados pelo agente. E a efetividade é voltada para os resultados de sua atuação[16].

Naquilo que mais interessa ao presente trabalho, o princípio da eficiência tem íntima ligação com a duração razoável do processo, nos termos do art. 5º, LXXVII, da CF:

> LXXVIII. A todos, no **âmbito judicial e administrativo**, são assegurados a razoável duração do processo e os meios que garantam a celeridade de sua tramitação.

Assim, o excesso de prazo para julgamento dos recursos administrativos, além de violar o princípio da legalidade (arts. 282, §7º e 289-A, do CTB), fere, ainda, o princípio da eficiência.

Vale ressaltar o voto da Desembargadora Ana Maria Duarte Amarante Brito, do Tribunal de Justiça do Distrito Federal e Territórios, ainda que tenha sido vencido, em que invoca o princípio ora em análise.

---

[16] MAZZA, Alexandre. Manual de direito administrativo. São Paulo: Saraiva Educação, 2021, pg. 256.

Em síntese, o condutor, ao tentar renovar sua habilitação, teve seu requerimento negado. Alegou o DETRAN que a renovação da autorização para dirigir dependeria da realização de novos exames, tendo em vista o registro de prática de infração grave cometida há cinco anos, quando sua CNH era provisória, fato que não o impediu de obter a CNH definitiva.

Pelo brilhantismo do *decisum*, passamos a transcrever alguns pontos que consideramos relevantes:

> Diante dos acontecimentos e, analisando a falha no sistema do DETRAN DF, tenho que essa má prestação de serviço pela parte apelada caracteriza-se como ofensa ao princípio da eficiência, conforme passarei a explanar, o que não pode prejudicar o impetrante.
>
> A Lei Federal nº 9.874, em seu artigo 2º, incluiu a eficiência como um dos princípios norteadores da Administração Pública.
>
> Assim, nas lições de Alexandre de Moraes (DIREITO CONSTITUCIONAL. 6. ed. São Paulo, Atlas), é dever do administrador agir de conformidade com o ordenamento jurídico, com a moral administrativa e com o princípio da boa administração pública, no qual se insere o da eficiência, regra que representa inovação merecedora de sensível cuidado por se cuidar de importante instrumento para fazer exigir a qualidade dos serviços e produtos advindos do Estado.
>
> Por sua vez, Hely Lopes Meirelles (Direito Administrativo Brasileiro. São Paulo: Malheiros) define o princípio da eficiência como um dos deveres da Administração, sendo ele *"o que se impõe a todo agente público de realizar suas atribuições com presteza, perfeição e rendimento funcional...*

A meu sentir, o cidadão possui o direito a serviço público de bons resultados, a fim de se assegurar também, com isso, o princípio da dignidade da pessoa humana, previsto no art. 1º, inciso III da Carta Magna.

Outrossim, não pode o DETRAN DF, após assentir com a expedição da CNH definitiva do impetrante, agir contra ato próprio. É a aplicação da consagrada teoria do *venire contra actum proprium non potest*, pela qual a parte não pode agir contra ato próprio.

Ante o exposto, DOU PROVIMENTO ao recurso para conceder a segurança a fim de que o DETRAN DF renove a Carteira Nacional de Habilitação Definitiva do impetrante, com a dispensa do pagamento das taxas relativas a procedimentos já cumpridos e de eventuais exigências impostas para a pretendida renovação (Acórdão 726422, 20120110830116APC, Relator: ANA MARIA DUARTE AMARANTE BRITO, Relator Designado: JAIR SOARES, Revisor: JAIR SOARES, 6ª Turma Cível, data de julgamento: 16/10/2013, publicado no DJE: 24/10/2013).

Conforme veremos quando da análise do processo administrativo, são previstos na legislação de trânsito prazos decadenciais e prescricionais, o que atende ao princípio da eficiência administrativa, impedindo que o feito seja prolongado *ad aeternum*.

2.2.6. PRINCÍPIOS DA RAZOABILIDADE E DA PROPORCIONALIDADE

Os princípios da razoabilidade e da proporcionalidade não estão expressos nos texto constitucional, constituindo princípios gerais do direito.

Em que pese implícitos, há entendimento no sentido de que decorrem do devido processo legal em seu aspecto substancial.

Devido processo legal formal ou adjetivo: referem-se às garantias processuais. São instrumentos de proteção dos direitos. Exemplos: contraditório, ampla defesa etc.

Devido processo legal substancial (*substantive due process of Law*): proteção direta dos bens em si mesmos considerados. Trata-se de proteção das liberdades e direitos individuais contra abusos estatais.

São princípios aplicáveis, como regra, para o controle de atos discricionários que tenham como decorrência restrições ou imposição de sanções ao administrado. Trata-se de controle de legalidade/legitimidade. Logo, uma vez violado, enseja nulidade. O desrespeito torna ato é inválido. Assim, há possibilidade de controle judicial.

Há doutrina que enxerga os princípios como sinônimos. Lado outro, parte da doutrina enxerga a razoabilidade como gênero, sendo a proporcionalidade uma de suas espécies.

Considerando a segunda corrente, podemos identificar três subprincípios:

i. **Adequação ou idoneidade**: o ato é adequado quando contribui para atingir o resultado almejado. A inadequação o torna ilegítimo. Nesse caso, é considerado desarrazoado por inadequação ou desproporcional;

ii. **Necessidade ou exigibilidade**: existindo mais de um meio para alcançar o objetivo, deve-se adotar o meio menos gravoso capaz de atingir o mesmo objetivo. Também conhecido como princípio da proibição do excesso.

iii. **Proporcionalidade em sentido estrito**: relação entre a atuação do estado e o benefício produzido. Se não houver proporção entre a medida adotada e o fim almejado, há desproporcionalidade. Possui como premissa evitar medidas desnecessárias, extremamente restritivas, desnecessárias. Coíbe o abuso de poder, as condutas arbitrárias.

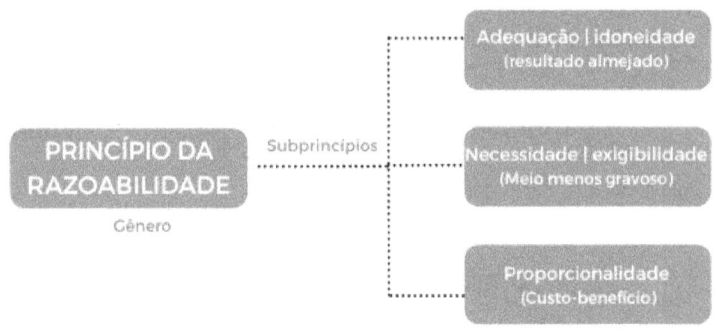

2.2.7. PRINCÍPIO DA AUTOTUTELA[17]

Também conhecido como poder de autotutela administrativa. É a prerrogativa ou o poder-dever que a administração possui de **controlar seus próprios atos** em relação ao **mérito e à legalidade**. Trata-se princípio implícito decorrente de outros princípios expressos, como o da legalidade.

Em resumo, o princípio em tela representa a possibilidade de a administração, de **ofício** ou a **requerimento** dos interessados, **rever seus atos**, controlando a atividade administrativa, corrigindo os erros verificados.

---

[17] Configura-se heterotutela quando o controle é realizado por pessoa, órgão ou ente diverso, como no controle pelo Poder Judiciário sobre a legalidade do ato administrativo.

Vislumbra-se a aplicação da autotutela em duas dimensões:

i. **Legalidade**: possibilidade de **anular** os **atos ilegais**;

ii. **Mérito**: análise da **conveniência** e **oportunidade** de manutenção ou não de um **ato legítimo**. Entendendo-se pela não manutenção, opera-se a **revogação**.

> Dessarte, o exercício do poder de autotutela pela administração para o fim de revogar atos administrativos, com fundamento em razões de conveniência e oportunidade administrativas, sendo um poder discricionário, é de exercício exclusivo pela própria administração que praticou o ato; o Poder Judiciário, no exercício da função jurisdicional, nunca aprecia a conveniência de um ato, mas tão somente a sua legalidade e legitimidade[18].

---

[18] ALEXANDRINO, Marcelo; PAULO, Vicente. Direito Administrativo Descomplicado. Rio de Janeiro: Forense, 2021, pg. 227.

CONTROLE DE LEGALIDADE X CONTROLE DE MÉRITO

LEGALIDADE		MÉRITO
PODER-DEVER		POSSIBILIDADE
ANULAR SEUS PRÓPRIOS ATOS	ADMINISTRAÇÃO	REVOGAR SEUS PRÓPRIOS ATOS LEGAIS
EIVADOS DE VÍCIOS QUE OS TORNEM ILEGAIS		POR CONVENIÊNCIA OU OPORTUNIDADE

A Súmula 473 do STF consagrou o princípio da autotutela, *in verbis*:

> Súmula 473, STF. A Administração pode anular seus próprios atos quando eivados de vícios que os tornem ilegais, porque deles não se originam direitos; ou revogá-los, por motivo de conveniência ou oportunidade, respeitados os direitos adquiridos, e ressalvada, em todos os casos, a apreciação judicial.

No mesmo sentido o art. 53, da Lei 9.784/99, que ora transcrevemos:

> A Administração deve anular seus próprios atos, quando eivados de vício de legalidade, e pode revogá-los por motivo de conveniência ou oportunidade, respeitados os direitos adquiridos.

A prerrogativa concedida pela autotutela **não** exclui a possibilidade de **controle da legalidade** pelo Poder Judiciário.

Saliente-se que, em contraposição à doutrina clássica, contemporaneamente, há entendimento de que, em determinadas situações, o Poder Judiciário **pode analisar o mérito do ato administrativo** a fim de avaliar sua adequação aos demais princípios, tais como moralidade, eficiência, proporcionalidade etc.

Por essa doutrina, **não se analisa a possibilidade de controle, mas a intensidade e os critérios** para fazê-lo.

Entende-se que deve ser verificado cada caso concreto, não tendo o controle a finalidade de observar a correção da decisão, mas se o *decisum* se encontra motivado e alicerçado de acordo com a finalidade das normas, bem como dos princípios legais e constitucionais[19].

Existindo certeza quanto à adequação ou inadequação da decisão em relação às normas e princípios, o Poder Judiciário deve exercer o controle de mérito sobre o ato administrativo. Diante da incerteza, não deverá efetuar juízo de valor, de modo a preservar a discricionariedade da administração.

---

[19] TORRES, Ronny Charles de Lopes; NETO, Fernando Ferreira Baltar. Direito Administrativo. Salvador: Juspodivm, 2019, pg. 598.

Gustavo Binembojm traz os seguintes Standards (parâmetros) para se estudar o nível de controle dos atos administrativos pelo Judiciário:

i. quanto maior o grau de restrição imposto a direitos fundamentais, maior deve ser o grau de controle judicial;

ii. quanto maior o grau de objetividade das normas e princípios, mais intenso deve ser o controle judicial;

iii. quanto maior o grau de tecnicidade da matéria, objeto de decisão por órgãos dotados de expertise e experiência, menos intenso deve ser o controle judicial;

iv. quanto maior o grau de politicidade da matéria, menos intenso deve ser o controle judicial;

v. quanto maior o grau de efetiva participação social no processo de deliberação que resultou na decisão, menos intenso deve ser o controle judicial.

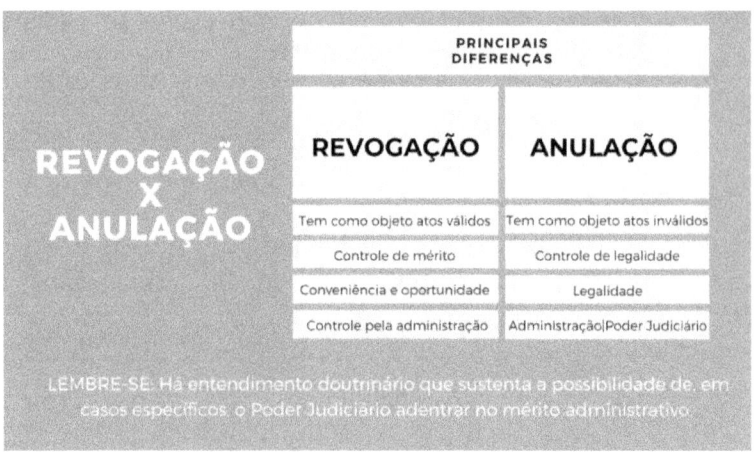

Importante salientar que o desfazimento de atos que atinjam desfavoravelmente os interesses dos administrados deve ser precedido de procedimento em que se garanta o devido contraditório. Respeitam-se, assim, direitos adquiridos.

O STF, em sede de Recurso Extraordinário, com reconhecida repercussão geral, caminha neste sentido:

> RECURSO EXTRAORDINÁRIO. DIREITO ADMINISTRATIVO. EXERCÍCIO DO **PODER DE AUTOTUTELA ESTATAL**. REVISÃO DE CONTAGEM DE TEMPO DE SERVIÇO E DE QUINQUÊNIOS DE SERVIDORA PÚBLICA. REPERCUSSÃO GERAL RECONHECIDA. 1. Ao **Estado é facultada a revogação**[20] **de atos que repute ilegalmente praticados; porém, se de tais atos já decorreram efeitos concretos, seu desfazimento deve ser precedido de regular processo administrativo**. 2. Ordem de revisão de contagem de tempo de serviço, de cancelamento de quinquênios e de devolução de valores tidos por indevidamente recebidos apenas pode ser imposta ao servidor depois de submetida a questão ao devido **processo administrativo, em que se mostra de obrigatória observância o respeito ao princípio do contraditório e da ampla defesa**. 3. Recurso extraordinário a que se nega provimento (RECURSO EXTRAORDINÁRIO 594.296/MG; RELATOR: MIN. DIAS TOFFOLI; DJe 13/02/2012).

Ainda, em obediência ao devido processo legal, o ato precisa ser motivado, de acordo com o disposto no art. 50, da lei 9.784/99:

> Art. 50. Os atos administrativos deverão ser motivados, com indicação dos fatos e dos fundamentos jurídicos, quando:

---

[20] Em que pese seja mencionado revogação, frise-se que os atos ilegais são anulados. A revogação somente pode ser efetuada pela própria administração em análise do mérito administrativo (conveniência e oportunidade), logo, para atos legais que se tornem inoportunos ou inconvenientes.

VIII - importem **anulação**, **revogação**, suspensão ou convalidação de ato administrativo.

Com o fim de atender à segurança jurídica que se espera do ordenamento jurídico, estabelece-se um prazo para que a administração possa rever seus atos, evitando-se que o administrado seja submetido *ad aeternum* ao capricho estatal.

Segundo o art. 54, da Lei 9.784/99, o prazo é decadencial, de 5 anos, **contados da data em que foram praticados**, salvo se comprovada má-fé (neste caso, não há prazo definido):

> Art. 54. O **direito** da Administração de **anular os atos administrativos** de que decorram **efeitos favoráveis** para os destinatários **decai em cinco anos**, contados da data em que foram praticados, **salvo** comprovada **má-fé**.

Em consonância com o princípio da inafastabilidade da jurisdição (art. 5º, XXXV, CF), a autotutela não impede que os **atos ilegais** sejam apreciados pelo Poder Judiciário, como já afirmado.

> Art. 5º. Todos são iguais perante a lei, sem distinção de qualquer natureza, garantindo-se aos brasileiros e aos estrangeiros residentes no País a inviolabilidade do direito à vida, à liberdade, à igualdade, à segurança e à propriedade, nos termos seguintes:
>
> XXXV - a lei não excluirá da apreciação do Poder Judiciário lesão ou ameaça a direito.

DICA PRÁTICA

O princípio da autotutela é um importante instrumento para ser utilizado nos casos de atuação administrativa em defesas de multas de trânsito.

Pense-se no caso de perda do prazo para apresentação da defesa cabível. Observe-se que a análise do caso pode ser feita até mesmo de ofício, inexistindo prazo para tal apreciação. Basta que seja verificada a ilegalidade do ato.

Nada obsta, ainda, que esgotados os recursos e mantida a aplicação da penalidade, utilize-se este instrumento com o objetivo de provocar o órgão julgador, conduzindo-o a rever sua decisão.

São apenas alguns exemplos práticos do princípio da autotutela.

Por fim, vale destacar que o princípio ora em análise não se confunde com a chamada **tutela administrativa**, **controle finalístico ou de supervisão** exercido pelos órgãos da administração direta sobre as entidades da administração indireta a eles vinculadas.

2.3. PRINCÍPIOS PROCESSUAIS CONSTITUCIONAIS

2.3.1. PRINCÍPIO DO DEVIDO PROCESSO LEGAL ADMINISTRATIVO

Art. 5º, LIV da CF. Ninguém será privado da liberdade ou de seus
bens sem o devido processo legal.

A expressão devido processo legal é a tradução para *"due process of Law"*. A palavra *"law"* não significa lei, mas Direito. Dessarte, o processo deve estar de acordo com o Direito como um todo, ultrapassando a conformidade com a lei, apenas.

O devido processo legal, cláusula geral[21], garante ao administrado o direito fundamental a um processo devido, justo. É uma garantia contra arbitrariedades, abuso de poder.

---

[21] Cláusulas gerais são normas indeterminadas, que superam a tipicidade estrita. Daí o motivo pelo qual o significado é modificado ao longo do tempo. A cláusula geral é um texto normativo em que não se apresenta o significado do termo (pressuposto) e nem a consequência jurídica da norma (consequente). De acordo com Didier (Curso, Vol. 1, 2012, pg. 36), a hipótese fática (pressuposto/antecedente) possui termos vagos e o efeito jurídico é indeterminado.
Tem-se como adequado que o sistema jurídico deve harmonizar cláusulas gerais com a regra casuística, uma vez que referidas cláusulas evitam o engessamento do sistema e atendem às complexidades das relações jurídicas estabelecidas e inalcançadas pela previsão legal.
Importa salientar que as conquistas do devido processo legal são cumulativas e em constante progresso. Assim, não há que se falar em supressão de garantias processuais fundamentais, tais como o exercício do direito fundamental ao efetivo contraditório. Aplica-se, assim, o princípio hermenêutico de proibição do retrocesso dos direitos fundamentais.

Processo é método de exercício de poder normativo. As normas jurídicas são produzidas após um processo (**conjunto de atos organizados para a produção de um ato final**). As leis, após o processo legislativo; **as normas administrativas, após um processo administrativo**; as normas individualizadas jurisdicionais, enfim, após um processo jurisdicional. **Nenhuma norma jurídica pode ser produzida sem a observância do devido processo legal**[22].

O devido processo legal é visto como um supraprincípio ou princípio-base, do qual decorrem todos os demais. Atualmente, aplica-se também como fator limitador do poder de legislar da administração pública[23].

Destaque-se que o princípio ora em análise tem a função de proteção de direitos, integrando as lacunas do sistema jurídico, evidenciado a função integrativa dos princípios[24].

A fim de que seja devido, o processo há de ser adequado (princípio da adequação), efetivo (princípio da efetividade) e leal (princípio da boa-fé processual).

---

[22] DIDIER JR., Fredie. Curso de Direito Processual Civil – Vol. 1. Salvador: Juspodivm, 2012, pg. 45.
[23] NEVES, Daniel Amorim Assunção. Manual de Direito Processual Civil – Volume único. 12 ed. Salvador. Editora: Juspodivm, 2020. p. 174.
[24] DIDIER JR., Fredie. Curso de Direito Processual Civil – Vol. 1. Salvador: Juspodivm, 2012, pg. 49.

Podemos visualizar o devido processo legal legislativo, o devido processo legal jurisdicional e, o que nos interessa para o desenvolvimento deste trabalho, **devido processo legal administrativo**.

> Todo e qualquer processo está sujeito ao controle de sua justiça processual, como condição indispensável para sua legitimidade perante nossa ordem constitucional. Tanto os processos jurisdicionais – civis, penais, trabalhistas, militares e eleitorais – como os não jurisdicionais – **administrativo**, legislativo e arbitral – submetem-se à cláusula do processo justo para sua adequada conformação... Fora daí há nulidade por violação do direito ao processo justo[25].

Pode-se enxergar o princípio sob dois aspectos: devido processo legal formal e devido processo legal substancial.

Em apertada síntese, o **devido processo legal formal, procedimental ou adjetivo** se refere às garantias processuais. São instrumentos de proteção dos direitos. A titulo de exemplo citamos o contraditório, a ampla defesa etc.

Por outro lado, quando falamos em **devido processo legal substancial** (*substantive due process of Law*) tratamos da proteção direta dos bens em si

---

[25] SARLET, Ingo Wolfgang; MITIDIERO, Daniel; MARINONI, Luiz Guilherme. Curso de Direito Constitucional. São Paulo: Saraiva Educação, 2020, pg. 838.

mesmos considerados. Trata-se de proteção das liberdades e direitos individuais contra abusos estatais.

Conforme apontamos alhures, e defendido por parte da doutrina, essa dimensão do processo devido está associada aos princípios da razoabilidade e da proporcionalidade.

A premissa, pedra angular, é garantir que o administrado tenha à sua disposição todos os meios de defesas possíveis; que a decisão seja realizada por pessoas investidas de competência para tanto; que lhe seja facultado produzir todas as provas, com possibilidade de efetivamente influenciar no resultado final.

> APELAÇÃO. ADMINISTRATIVO. MANDADO DE SEGURANÇA. INSTAURAÇÃO DE PROCESSO ADMINISTRATIVO PARA A SUSPENSÃO DO DIREITO DE DIRIGIR. CASSAÇÃO DE CNH. **NOTIFICAÇÕES DIRECIONADAS PARA O ANTIGO ENDEREÇO DO CONDUTOR.** Sentença denegatória da segurança, ao argumento de que é ônus do motorista manter atualizados seus cadastros junto ao órgão de trânsito. Necessidade de reforma do julgado. As provas trazidas aos autos confirmam que o **Impetrante atualizou seu endereço junto ao RENAVAM**, o que torna desnecessária a repetição deste procedimento junto a outros órgãos internos do DETRAN. **Ausência de comunicação entre os cadastros do RENACH e RENAVAM, que não pode servir como justificativa para a inobservância das garantias constitucionais do devido processo legal**, do contraditório e da ampla defesa. Nulidade das notificações de instauração do processo administrativo

que resultou na suspensão do direito de dirigir do Impetrante (E-12/062/132163/2018), e consequentemente de todos os atos subsequentes. RECURSO PROVIDO (APELAÇÃO 0329898-16.2019.8.19.0001 - TJRJ; Des(a). CLÁUDIO LUIZ BRAGA DELL'ORTO - Julgamento: 12/08/2021 - DÉCIMA OITAVA CÂMARA CÍVEL.

2.3.2. PRINCÍPIOS DO CONTRADITÓRIO E DA AMPLA DEFESA

Art. 5º, LV, CF. aos litigantes, em **processo** judicial ou **administrativo**, e aos acusados em geral são assegurados **o contraditório e ampla defesa**, com os meios e recursos a ela inerentes.

O **princípio fundamental ao contraditório** representa uma condição mínima para que se tenha um processo justo. Basta observarmos que, no Estado Constitucional, o próprio conceito de processo o prevê.

Assim, autorizada doutrina conceitua processo como um procedimento em contraditório, sendo certo que é a possibilidade de participação com influência (contraditório efetivo) que garante a legitimidade democrática à decisão, tornando-a constitucionalmente legítima[26].

---

[26] CÂMARA, Alexandre Freitas. O Novo Processo Civil Brasileiro. Ed. 5.

Frise-se que a literalidade do artigo é no sentido de que o contraditório, diga-se, efetivo contraditório, deve ser observado em quaisquer processos, inclusive no âmbito dos processos administrativos, sobretudo quando houver possibilidade de a decisão ser desfavorável ao administrado. A inobservância do contraditório gera irremediável nulidade.

Quando se fala em efetivo contraditório, indica-se que não basta que a parte tenha a possibilidade de apresentar as provas/argumentos e contrapô-los, mas que eles sejam devidamente observados e avaliados, a fim de obter-se o resultado mais justo e adequado ao caso concreto. Não se trata de mera formalidade.

> ...Contraditório significa hoje conhecer e reagir, mas não só. Significa participar do processo e influir nos seus rumos. Isto é: direito de influência. Com essa nova dimensão, o direito ao contraditório deixou de ser algo cujos destinatários são tão somente as partes e começou a gravar igualmente o juiz[27].
> Daí a razão pela qual eloquentemente se observa que o juiz tem o dever não só de velar pelo contraditório entre as partes, mas fundamentalmente a ele também se submeter. O juiz encontra-se igualmente sujeito ao contraditório[28].

São Paulo: Atlas, 2019. p. 26.
[27] Entendemos que nos locais em que presente a palavra juiz, deve-se ler julgador, abarcando, assim, a atuação administrativa.
[28] SARLET, Ingo Wolfgang; MITIDIERO, Daniel; MARINONI, Luiz Guilherme. Curso de Direito Constitucional. São Paulo: Saraiva Educação, 2020, pg. 867.

A nova dinâmica processual impõe que todas as decisões sejam previamente debatidas pelas partes, extinguindo-se as denominadas decisões-surpresa. A manifestação abarca tanto as questões de fato e de direito, quanto eventual visão diversa do julgador em relação aos elementos trazidos aos autos pelo administrado.

Com arrimo nos elementos apresentados, deve o julgador indicar as bases que o levaram a adotar determinado posicionamento, fundamentando sua decisão, conforme analisaremos com mais detalhes quando falarmos sobre o princípio da fundamentação das decisões administrativas.

Perceba-se: não há processo sem contraditório.

Por outro lado, o **princípio da ampla defesa** é reservado ao demandado, é direito à resistência, em especial quando verificada a possibilidade de prejuízos ou sanções ao administrado.

> Por ampla defesa, "entende-se o direito que é dado ao indivíduo de trazer ao processo, judicial ou administrativo, todos os elementos de provas licitamente obtidos para provar a verdade, ou até mesmo de omitir-se ou calar-se, se assim entender, para evitar sua autoincriminação"[29].

---

[29] ALEXANDRINO, Marcelo; PAULO, Vicente. Direito Constitucional

Observe-se que a garantia de ampla defesa impede a exigência de depósito prévio como pressuposto de admissibilidade de recurso administrativo.

Questão relevante diz respeito à impossibilidade de produção de prova testemunhal no processo administrativo de trânsito, sob ao argumento de inexistir expressa previsão legal ou custo excessivo para o erário. Levando-se em consideração a força normativa dos princípios e a superioridade destes em relação às regras, tem-se que o indeferimento de prova testemunhal, salvo quando desnecessária ao deslinde do feito e com a devida fundamentação da rejeição, torna o ato nulo.

Em última análise, os princípios do contraditório e da ampla defesa garantem a igualdade das partes no processo.

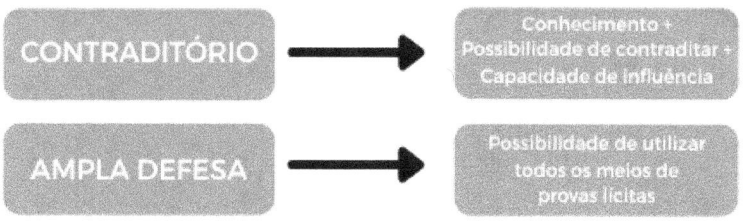

Descomplicado. 9ª Edição, pg. 188

2.3.3. PRINCÍPIO DA FUNDAMENTAÇÃO DAS DECISÕES

Fundamentar é apresentar, de forma pormenorizada, os motivos de convencimento que levaram o julgador a chegar a determinada conclusão, levando-se em consideração o devido processo legal, bem como seus consectários, como o contraditório, ampla defesa etc.

O art. 93, X, da Constituição Federal, versa sobre a motivação dos atos administrativos. Em que pese referir-se somente aos órgãos administrativos dos Tribunais, o entendimento que predomina contemporaneamente é no sentido de que se aplica a todos os órgãos administrativos.

> Art. 93, X, CF. As decisões administrativas dos tribunais serão motivadas e em sessão pública, sendo as disciplinares tomadas pelo voto da maioria absoluta de seus membros.

No âmbito do processo administrativo de trânsito, o CTB é expresso ao exigir a devida fundamentação nos casos de suspensão do direito de dirigir ou cassação da CNH.

> Art. 265. As penalidades de suspensão do direito de dirigir e de cassação do documento de habilitação serão aplicadas

por **decisão fundamentada** da autoridade de trânsito competente, em processo administrativo, assegurado ao infrator amplo direito de defesa.

ATENÇÃO!

Caso não haja a adequada fundamentação, o recorrente deve solicitar em seu recurso que o **julgamento seja convertido em diligência** para que o julgador apresente os motivos de convencimento, sob pena de caracterizar cerceamento de defesa. Afinal, não há como recorrer sem que se saiba do que se está recorrendo.

A simples indicação de dispositivo de lei não é considerada fundamentação, devendo o órgão executivo de trânsito apresentar os motivos de convencimento.

A motivação deve ser explícita, clara e congruente, podendo consistir em declaração de concordância com fundamentos de anteriores pareceres, informações, decisões ou propostas, que, neste caso, serão parte integrante do ato (motivação *aliunde*).

Em que pese eventual discussão sobre a necessidade ou não de fundamentação dos atos administrativos, há consenso no sentido de que a motivação é obrigatória nos casos elencados no art. 50, da lei 9.784/99.

Art. 50. Os atos administrativos **deverão** ser motivados, com indicação dos fatos e dos fundamentos jurídicos, quando:

I - neguem, limitem ou afetem direitos ou interesses;

II - imponham ou agravem deveres, encargos ou sanções;

III - decidam processos administrativos de concurso ou seleção pública;

IV - dispensem ou declarem a inexigibilidade de processo licitatório;

V - decidam recursos administrativos;

VI - decorram de reexame de ofício;

VII - **deixem de aplicar jurisprudência firmada sobre a questão ou discrepem de pareceres, laudos, propostas e relatórios oficiais;**

VIII - **importem anulação, revogação, suspensão ou convalidação de ato administrativo.**

Nesse sentido caminha a melhor jurisprudência, conforme abaixo exemplificado:

ADMINISTRATIVO. ANTT. AUTO DE INFRAÇÃO. MULTA ADMINISTRATIVA. AUSÊNCIA DE MOTIVAÇÃO. NULIDADE. O art. 50, II, da Lei n.º 9.784/99, estabelece que **os atos administrativos que "imponham ou agravem deveres, encargos ou sanções" deverão ser motivados.** O ato desprovido de motivação é ato insuscetível de compor objeto do controle analítico de legalidade exercido pelo Poder Judiciário, nos termos do art. 53 da Lei 9.784/99, Súmula 473 do Supremo Tribunal Federal e art.2º da Lei 4.717/65. (TRF4, APELAÇÃO CÍVEL Nº 5011860-

51.2016.404.7000, 4ª Turma, Juiz Federal SÉRGIO RENATO TEJADA GARCIA, POR UNANIMIDADE, JUNTADO AOS AUTOS EM 18/09/2017).

A motivação das decisões tem função de pacificação social, uma vez que permite ao administrado, diante dos fundamentos, avaliar a decisão, podendo aquiescer (logo, alcança-se a almejada pacificação) ou utilizar os meios cabíveis para buscar a alteração que entenda devida, seja no âmbito administrativo, em grau de recurso, se cabível, ou através do Judiciário.

É preciso, neste ponto, tratarmos do princípio consagrado no art. 5º, XXXV, da CF, que prevê a inafastabilidade do controle jurisdicional, também conhecido como princípio da inafastabilidade da jurisdição, direito de ação, princípio do livre acesso ao Judiciário ou princípio da ubiquidade da justiça. Prevê o referido artigo:

Art. 5º, XXXV, CF. a lei não excluirá da apreciação do Poder Judiciário lesão ou ameaça a direito.

Assim, o administrado pode, a qualquer momento, desistir do processo administrativo e ingressar com ação judicial. Pode, ainda, como regra, nem sequer tentar a resolução da questão pela via administrativa. Dispensa-se a atuação da administração e socorre-se do Judiciário. Por fim, esgotadas as vias administrativas, pode o administrado, se insatisfeito com o resultado, utilizar a via judicial. Isto porque a decisão judicial é a única que possui a característica da definitividade.

O sistema constitucional contemporâneo extinguiu a jurisdição condicionada ou instância administrativa de curso forçado.

Como exceção à regra, podemos mencionar, sem pretensão de exaurir o tema:

a. Art. 217, §1º. O Poder Judiciário só admitirá ações relativas à disciplina e às competições desportivas após **esgotarem-se as instâncias da justiça desportiva**, regulada em lei.

b. Lei 11.417/2006, art. 7º. Da decisão judicial ou do ato administrativo que contrariar enunciado de súmula vinculante, negar-lhe vigência ou aplicá-lo indevidamente caberá reclamação ao Supremo Tribunal Federal, sem prejuízo dos recursos ou outros meios admissíveis de impugnação.

§1º. Contra omissão ou ato da administração pública, o uso da reclamação só será admitido após **esgotamento das vias administrativas**.

c. Habeas data. Art. 8º, parágrafo único. A petição inicial deverá ser instruída com prova:

I - da **recusa ao acesso às informações** ou do decurso de mais de dez dias sem decisão;

II - da recusa em fazer-se a retificação ou do decurso de mais de quinze dias, sem decisão; ou

III - da recusa em fazer-se a anotação a que se refere o § 2° do art. 4° ou do decurso de mais de quinze dias sem decisão.

Veja que neste último caso não é necessário o esgotamento da via administrativa.

O princípio em análise é cláusula pétrea (não pode ser extinto).

Relembre-se que a modificação da decisão pela administração em prejuízo do administrado deve ser precedida de contraditório e que, regra geral, aplica-se o prazo decadencial de 5 anos para a referida modificação, após o qual se opera a preclusão temporal.

Ademais, o Judiciário somente pode exercer controle de **legitimidade** dos atos administrativos, **não o controle de mérito**. Logo, a atuação do Poder Judiciário se restringe à anulação do ato, não alcançando a revogação.

Saliente-se que existe doutrina que sustenta a possibilidade de, em alguns casos, sempre com análise criteriosa do caso concreto, o Judiciário ismicuir-se na seara do mérito administrativo, tema que tratamos quando do estudo do princípio da autotutela.

2.4. PRINCÍPIOS ESPECÍFICOS DO DIREITO DE TRÂNSITO

2.4.1. INTRODUÇÃO

O conhecimento dos princípios que regem determinada matéria é de extrema importância. Neles (nos princípios) nos socorremos todas as vezes em que pretendemos solidificar nossos fundamentos. Sabemos que toda legislação tem como ponto de partida os princípios, sejam eles explícitos ou implícitos.

Em se tratando de Direito de Trânsito, em que pese o reconhecimento da autonomina da matéria, há escassez de material doutrinário com objetivo de aprofundamento da matéria. Assim sendo, o estudo dos princípios também são negligenciados.

Vamos apresentar os princípios mais relevantes.

2.4.2. PRINCÍPIO DA UNIVERSALIDADE DO DIREITO AO TRÂNSITO SEGURO

É possível estabelecer, em sentido amplo, que a segurança, como direito fundamental assegurado constitucionalmente, está consagrada nos arts. 5º, *caput*, 6º e 144, da Carta magna[30].

---

[30] Art. 5º Todos são iguais perante a lei, sem distinção de qualquer natureza, garantindo-se aos brasileiros e aos estrangeiros residentes no País a inviolabilidade do direito à vida, à liberdade, à igualdade, à segurança e à propriedade...

Art. 6º São direitos sociais a educação, a saúde, a alimentação, o trabalho, a moradia, o transporte, o lazer, a segurança, a previdência social, a proteção à maternidade e à infância, a assistência aos desamparados, na forma desta Constituição.

Art. 144. A segurança pública, dever do Estado, direito e responsabilidade de todos, é exercida para a preservação da ordem pública e da incolumidade das pessoas e do patrimônio, através dos seguintes órgãos:

De início, é importante ressaltar que o trânsito, em condições seguras, é responsabilidade dos órgãos e entidades componentes do Sistema Nacional de Trânsito (SNT)[31].

Art. 1º, §2º, CTB. O trânsito, em condições seguras, é um direito de todos e dever dos órgãos e entidades componentes do Sistema Nacional de Trânsito, a estes cabendo, no âmbito das respectivas competências, adotar as medidas destinadas a assegurar esse direito.

O dever de atuação da administração está intrinsecamente ligado ao princípio da eficiência. Assim,

§10. A segurança viária, exercida para a preservação da ordem pública e da incolumidade das pessoas e do seu patrimônio nas vias públicas:
I. compreende a educação, engenharia e fiscalização de trânsito, além de outras atividades previstas em lei, que assegurem ao cidadão o direito à mobilidade urbana eficiente; e

II. compete, no âmbito dos Estados, do Distrito Federal e dos Municípios, aos respectivos órgãos ou entidades executivos e seus agentes de trânsito, estruturados em Carreira, na forma da lei.

[31] Art. 7º Compõem o Sistema Nacional de Trânsito os seguintes órgãos e entidades:
I. o Conselho Nacional de Trânsito - CONTRAN, coordenador do Sistema e órgão máximo normativo e consultivo;
II. os Conselhos Estaduais de Trânsito - CETRAN e o Conselho de Trânsito do Distrito Federal - CONTRANDIFE, órgãos normativos, consultivos e coordenadores;
II. os órgãos e entidades executivos de trânsito da União, dos Estados, do Distrito Federal e dos Municípios;
IV. os órgãos e entidades executivos rodoviários da União, dos Estados, do Distrito Federal e dos Municípios;
V. a Polícia Rodoviária Federal;
I. as Polícias Militares dos Estados e do Distrito Federal; e
VII. as Juntas Administrativas de Recursos de Infrações - JARI.

há a obrigação de atendimento às expectativas do administrado.

Ademais, firma-se como tripé estruturante do Direito do Trânsito a educação, a engenharia e a fiscalização/esforço legal, além de outras atividades que garantam a mobilidade urbana eficiente.

Os órgãos e entidades executivos, bem como seus agentes devem envidar esforços para a garantia da segurança viária, preservando, assim, a ordem pública e a incolumidade das pessoas e de seu patrimônio.

Em que pese o entendimento de que é dever do Estado assegurar o trânsito, há responsabilidade do condutor no mesmo sentido.

É com base no princípio da universalidade do direito ao trânsito seguro que se possibilita a responsabilização dos órgãos responsáveis pela manutenção das vias no caso de acidentes ocasionados por má conservação, tais como buracos.

Veja-se, ainda, que no texto constitucional, o dispositivo que versa sobre a segurança viária está inserido no capítulo referente à segurança pública (Capítulo III – Da Segurança Pública). Sendo assim, torna-se possível sustentar a tese, com fulcro no art. 144, §10 e incisos da Constituição Federal, no sentido de que, se o local não oferece a segurança devida, obrigação do Estado, e atendidas as medidas de segurança por parte do condutor, é permitido o

---

[32] Observe-se que em alguns estados, em que pese a omissão do Código de Trânsito Brasileiro, a lei local regulamenta a possibilidade de avanço de sinal no período noturno, em geral, das 22h às 05 ou 06h da manhã do dia seguinte.

Confira-se, ainda, o PL 8329/2017, apensado ao PL 2060/2015, que tem como objetivo acrescentar parágrafo único ao Art. 208 da Lei Federal nº 9.503, de 23 de setembro de 1997 - Código de Trânsito Brasileiro, para isentar de multa o condutor que avançar o sinal vermelho do semáforo, durante a noite, entre 22h30min e 6h, respeitado o limite de velocidade de 30 km/h.

Há cidades que adotam o sinal amarelo intermitente no horário noturno, coforme previsto no anexo II, do CTB:
ANEXO II. Item 4.2. SINALIZAÇÃO SEMAFÓRICA DE ADVERTÊNCIA
Compõe-se de uma ou duas luzes de cor amarela, cujo funcionamento é intermitente ou piscante alternado, no caso de duas indicações luminosas.
No caso de grupo focal de regulamentação, admite-se o uso isolado da indicação luminosa em amarelo intermitente, em determinados horários e situações específicas. Fica o condutor do veículo obrigado a reduzir a velocidade e respeitar o disposto no Artigo 29, inciso III, alínea C.

cometimento de determinada infração de trânsito, como por exemplo, a ultrapassagem do sinal vermelho[32].

A jurisprudência tem aceitado, com relativa facilidade, o "avanço de sinal", em horário noturno, quando comprovada a periculosidade do local.

"AÇÃO ANULATÓRIA DE AUTO DE INFRAÇÃO. AVANÇO DE SINAL VERMELHO. ÁREA DE RISCO. HORARIO NOTURNO. PRESERVAÇÃO DA SEGURANÇA. 1. As regras de experiência comum revelam que, de longa data, o munícipe carioca sofre com a insegurança pública. 2. Tal realidade era imperativa mesmo antes da promulgação da Lei Municipal nº 4.892/2008. 3. Multas aplicadas em horário noturno e área considerada de risco. 4. Avanço de semáforo vermelho que caracteriza preservação da incolumidade do condutor e passageiros. 5. Procedência parcial que se mantém. 6. Recursos aos quais se nega seguimento, na forma do art. 557, caput, do CPC." (Apelação Cível 0107530-80.2008.8.19.0001- Des. Rel. Antônio Iloízio Barros- Décima Segunda Câmara Cível Julgado em: 12/11/2012).

Entendemos que o entendimento deve ser elastecido, a depender das circunstâncias. Em cidades como o Rio de Janeiro, os assaltos, arrastões ocorrem 24 horas por dia. Em situações como essas, exigir do condutor a tranquilidade de parar em sinais, sobretudo perto das comunidades e em locais amplamente conhecidos por roubo de veículos e com escasso policiamento, é totalmente desarrazoado. Por óbvio, a situação deve ser devidamente comprovada, sob pena de banalização das infrações de trânsito.

DICA PRÁTICA

Não há dúvidas de que a tese aqui levantada quanto ao avanço de sinal é de dificílima aceitação, em especial na esfera administrativa.

Todavia, entendemos que é plenamente válida, utilizando-se os instrumentos adequados.

As alegações podem ser comprovadas através de reportagens, depoimentos em redes sociais etc.

Ademais, é possível comprovar as alegações através da mancha criminal da localidade do cometimento da infração, comprovando, desta maneira, a periculosidade da área.

Importantíssimo ressaltar que **é ônus do poder público demonstrar que, no local e horário da autuação, oferecia ao cidadão os meios razoáveis de segurança.**

2.4.3. PRINCÍPIO DA RESPONSABILIDADE OBJETIVA DOS ÓRGÃOS DO SISTEMA NACIONAL DE TRÂNSITO

Este princípio tem íntima ligação com o anterior (direito ao trânsito seguro), na medida em que, ao mesmo tempo em que a administração deve garantir a segurança, responde objetivamente pelos danos causados, ou seja, comprovado o dano e o nexo causal (demonstração de que o dano foi causado em virtude da ação, omissão ou erro), há responsabilidade dos órgãos do SNT.

É interessante que discorramos, ainda que de forma superficial sobre a responsabilidade do Estado.

2.4.3.1. CONCEITO DE RESPONSABILIDADE CIVIL

Extrai-se da doutrina dos eminentes doutrinadores Marcelo Alexandrino e Vicente Paulo o seguinte conceito:

> No âmbito do Direito Público, temos que a responsabilidade civil da Administração Pública evidencia-se na obrigação que tem o Estado de indenizar os danos patrimoniais ou morais que seus agentes, atuando em seu nome, ou seja, na qualidade de agentes públicos, causem à esfera juridicamente tutelada dos particulares ...". (Alexandrino, Marcelo; Paulo, Vicente. Manual de Direito Administrativo. 15 ed. 2008).

Em apertada síntese, é a obrigação de reparar economicamente os danos sofridos pelos administrados em virtude de ação ou omissão do Estado.

2.4.3.2. EVOLUÇÃO DA RESPONSABILIDADE DO ESTADO

2.4.3.2.1. Irresponsabilidade do Estado

Teoria totalmente superada. Era utilizada nos regimes absolutistas. Segundo esta teoria não era possível o Estado lesar seus súditos, uma vez que o rei não cometia erros.

2.4.3.2.2. Responsabilidade com culpa civil comum do Estado (responsabilidade subjetiva)

O Estado somente é obrigado a indenizar nos casos em que houver culpa (negligência, imprudência, imperícia) ou dolo (intenção), cabendo ao particular o ônus de demonstrar a existência desses elementos.

2.4.3.2.3. Teoria da culpa administrativa

O Estado somente se responsabiliza se for comprovada a falta de serviço: inexistência do serviço; mau funcionamento do serviço ou retardamento do serviço. Cabe ao particular comprovar uma das situações.

2.4.3.2.4. Teoria do risco administrativo (responsabilidade objetiva)

A responsabilidade independe da falta de serviço ou culpa do agente. Basta a comprovação do dano.

Para se eximir da responsabilidade, a administração tem o dever de comprovar a culpa exclusiva do particular, única hipótese de isenção de responsabilidade por parte da administração. No caso de culpa concorrente, será atenuada a responsabilidade estatal. **É a teoria predominante no Brasil.**

A teoria do risco administrativo está expressa no art. 37, §6º, da Carta Constitucional:

> Art. 37, § 6º As pessoas jurídicas de direito público e as de direito privado prestadoras de serviços públicos responderão pelos danos que seus agentes, nessa qualidade, causarem a terceiros, assegurado o direito de regresso contra o responsável nos casos de dolo ou culpa.

2.4.3.2.5. Teoria do risco integral

Por esta teoria, a Administração tem obrigação de indenizar em todas as situações, bastando a ocorrência do dano.

Interessante observar que mesmo nos casos em que seja comprovada a culpa exclusiva do particular, o Estado deve se responsabilizar pela reparação.

Esta teoria é adotada em casos excepcionalíssimos, como nas situações de acidente nuclear.

2.4.3.3. PREVISÃO DA RESPONSABILIDADE OBJETIVA

Complementando o art. 37, 6º, do texto constitucional, prevê o CTB em seu art. 1º, §3º, *verbis*:

> Os **órgãos e entidades** componentes do Sistema Nacional de Trânsito **respondem**, no âmbito das respectivas competências, **objetivamente, por danos** causados aos cidadãos em virtude de **ação, omissão ou erro** na execução e manutenção de programas, projetos e serviços que garantam o exercício do direito do trânsito seguro.

Nas hipóteses em que o bem está sob custódia do Estado, este responde de forma objetiva, ainda que não haja atuação direta de seus agentes. É o caso do carro que se encontra no depósito do DETRAN. Os danos devem ser reparados sob o manto da responsabilidade objetiva.

Ainda sobre o tema, vale ressaltar doutrina da lavra do eminente doutrinador Julyver Modesto:

A responsabilidade objetiva do Estado possui um significado jurídico próprio, que podemos sintetizar da seguinte forma: a Administração Pública é responsável civilmente pelos danos causados aos cidadãos, toda vez que houver uma relação de causalidade entre o prejuízo causado e a ação ou omissão do órgão público, independente de culpa ou dolo (intenção na produção do resultado)[33].

Como exemplo de aplicação da responsabilidade objetiva, pode-se citar: o caso de um acidente ocorrido em virtude de má sinalização ou em virtude de buracos na via; liberação da via com óleo na pista; sinalização ruim, inadequada, ineficiente etc.

A análise detida do caso concreto pode dar azo a argumento defensivo no sentido de que a irregularidade perpetrada pela administração, seja por ação ou por omissão, ocasionou a infração de trânsito.

A jurisprudência acolhe a teoria do risco administrativo, conforme ementa abaixo transcrita:

> APELAÇÃO CÍVEL. AÇÃO DE INDENIZAÇÃO POR DANOS MATERIAIS E MORAIS. PRELIMINAR ILEGITIMIDADE ATIVA *AD CAUSAM*. REJEITADA. **ACIDENTE DE TRÂNSITO. FALTA DE SINALIZAÇÃO DE OBRA EM VIA PÚBLICA. CULPA DO MUNICÍPIO COMPROVADA.** MANUTENÇÃO DO QUANTUM INDENIZATÓRIO. RECURSO IMPROVIDO. I. Tem legitimidade ativa ad causam para o pleito o motorista que se achava ao volante do veículo quando do evento e padeceu o prejuízo

---

[33] CTB Digital. www.ctbdigital.com.br. Consultado em 18.09.2018, às 18:05h.

dele advindo, pois detém a posse do veículo e pode responsabilizar-se perante o proprietário. Precedentes STJ. PRELIMINAR REJEITADA. II. **É cediço que a conservação e sinalização das vias locais é responsabilidade do Município e se, devendo agir, deixou de fazê-lo, causando prejuízos a outrem, deve reparar os danos causados.** III - As provas carreadas aos autos comprovam, a não restar dúvida, a existência da obra e a ausência de sinalização no local, bem como os danos causados ao apelado, o qual foi acometido, inclusive, de debilidade permanente da função da mão esquerda. III - O valor arbitrado a título de danos morais deve observar, além do caráter reparatório da lesão sofrida, o escopo educativo e punitivo da indenização, de modo que a condenação sirva de desestímulo ao causador do ilícito a reiterar a prática lesiva, sem que haja, por outro lado, enriquecimento sem causa por parte da vítima. Nessa esteira, tenho por bem manter o quantum indenizatório. VII - Recurso improvido (TJ-MA - APL: 0023132012 MA 0034040- 74.2008.8.10.0001, Relator: ANGELA MARIA MORAES SALAZAR, Data de Julgamento: 05/03/2015, PRIMEIRA CÂMARA CÍVEL, Data de Publicação: 10/03/2015).

Em se tratando de responsabilidade do estado, cumpre-nos ressaltar que a administração tem o dever de preservação da vida. Referido princípio encontra-se externado no art. 1º, §5º, do CTB.

Art. 1º, § 5º. Os órgãos e entidades de trânsito pertencentes ao Sistema Nacional de Trânsito **darão prioridade em suas** ações à defesa da vida, nela incluída a **preservação da saúde e do meio ambiente.**

O §1º do artigo 269 do Código de Trânsito ratifica a importância da preservação da vida ao afirmar que "a ordem, o consentimento, a fiscalização, as medidas administrativas e coercitivas adotadas pelas autoridades de trânsito e seus agentes terão por objetivo prioritário a **proteção à vida** e à **incolumidade física da pessoa**".

CAPÍTULO 3. ATOS ADMINISTRATIVOS

3.1. CONCEITO DE ATO ADMINISTRATIVO

Os atos administrativos são espécie do gênero ato jurídico. Referem-se a manifestações humanas unilaterais de vontade[34]. Estão sempre ligados a atos da administração pública.

De acordo com autorizada doutrina, podemos conceituar ato administrativo como:

> Manifestação ou declaração da administração pública, nesta qualidade, ou de particulares no exercício de prerrogativas públicas, que tenha por fim imediato a produção de efeitos jurídicos determinados, em conformidade com o interesse público e sob regime predominante de direito público[35].

3.2. REQUISITOS DE VALIDADE OU ELEMENTOS DO ATO ADMINISTRATIVO

---

[34] A manifestação bilateral de vontade - também chamada de ato jurídico bilateral - é utilizada como sinônimo de contrato.
[35] ALEXANDRINO, Marcelo; PAULO, Vicente. Direito Constitucional Descomplicado. 9ª Edição, pg. 458.

São os componentes do ato administrativo. Sendo **requisito de validade**, o fato de estarem em discordância com a lei, em regra, produz nulidade. Podem ser vinculados ou discricionários. Existem cinco requisitos: competência, finalidade, forma, motivo e objeto.

3.2.1. COMPETÊNCIA

Nas lições de Marcelo Alexandrino e Vicente Paulo, competência é o "poder legal conferido ao agente público para o desempenho específico das atribuições de seu cargo"[36]. As competências administrativas somente podem ser estabelecidas por lei, extraindo-se que a principal característica da competência é a legalidade. **É requisito sempre vinculado.**

De forma simplificada, significa que a lei atribui as funções que o agente deve praticar. No caso dos recursos de multas, refere-se a quem são os

---

[36] ALEXANDRINO, Marcelo; PAULO, Vicente. Direito Constitucional Descomplicado. 9ª Edição, pg. 480.

responsáveis por autuar, quem deve julgar, a quem os recursos serão direcionados etc.

A competência pode ser delimitada em razão da matéria, do território, da hierarquia ou em razão do tempo.

... O Prof. Celso Antônio Bandeira de Mello enumera as seguintes características da competência[37]:

a) é de **exercício obrigatório** para os órgãos e agentes públicos;

b) é **irrenunciável**. Não obstante, o **exercício** da competência (e **não** a sua **titularidade**) pode ser parcial e temporariamente delegado, desde que atendidos os requisitos legais. A delegação, de toda sorte, não implica renúncia à competência pela autoridade delegante, que **permanece apta a exercer a função que delegou**, concorrentemente com o agente que recebeu a delegação. Ademais, a autoridade delegante poder revogar a delegação a qualquer tempo;

c) é **intransferível**. Valem, aqui, as mesmas observações feitas acima, acerca da delegação. A delegação **não** transfere a **titularidade** da competência, mas, tão somente, em caráter temporário, o **exercício** de parte das atribuições do agente delegante, o qual **permanece apto a exercê-las,** concomitantemente com o agente delegado, além de poder revogar a delegação a qualquer tempo;

d) é **imodificável** pela vontade do agente. Essa característica é corolário do fato de a competência decorrer da lei e ser sempre elemento vinculado. Como é a lei que estabelece as competências, somente mediante lei podem elas ser alteradas, e não por algum ato de vontade dos agentes administrativos;

---

[37] ALEXANDRINO, Marcelo; PAULO, Vicente. Direito Constitucional Descomplicado. 9ª Edição, pg. 481.

e) é **imprescritível,** pois o não exercício da competência, não importa por quanto tempo, não a extingue, permanecendo ela sob a titularidade daquele a quem a lei a atribuiu.

A lei do 9.784/99, que trata do processo administrativo, prevê a possibilidade de delegação da competência, *verbis*:

> Lei 9.784/99, art. 12. Um órgão administrativo e seu titular poderão, **se não** houver **impedimento legal, delegar** parte da sua competência a outros órgãos ou titulares, ainda que estes não lhe sejam hierarquicamente subordinados, **quando for conveniente,** em **razão de circunstâncias de índole técnica, social, econômica, jurídica ou territorial.**

Ocorre a delegação quando um órgão ou agente, chamado delegante, transfere, de forma **temporária,** o exercício de **parte de suas atribuições** ao delegado. A delegação pode ser revogada a qualquer tempo e não impede que o delegante continue a exercer, concomitantemente, as atribuições delegadas. **Não** há transferência da titularidade, repita-se, dada a intransferibilidade da competência.

A **delegação é a regra,** somente sendo proibida nos casos de vedação legal. **Não** é necessário que haja relação de **subordinação** entre delegante e delegado. É ato **discricionário.** Imprescindível que o **ato praticado por delegação contenha essa informação.** Em

86

atendimento ao princípio da publicidade, o ato de **delegação e a revogação devem ser publicados.**

**SITUAÇÕES EM QUE NÃO PODE HAVER DELEGAÇAO DE COMPETÊNCIA
(art. 13, Lei 9.784/99)**

i. a edição de atos de caráter normativo;

ii. a decisão de recursos administrativos;

iii. as matérias de competência exclusiva do órgão ou autoridade.

Em sentido oposto, temos avocação quando o superior hierárquico, de forma temporária, invoca o exercício de atribuições de inferior hierárquico[38].

Destacam-se como características da avocação:

i. É um ato discricionário;

ii. Temporário;

iii. É necessário que haja relação hierárquica entre delegante e delegado;

iv. É medida excepcional e deve haver fundamentação;

v. O entendimento doutrinário é no sentido de que não podem ser avocadas competências exclusivas do subordinado.

---

[38] Lei 9.784/99, art. 15. Será permitida, em caráter excepcional e por motivos relevantes devidamente justificados, a avocação temporária de competência atribuída a órgão hierarquicamente inferior.

Ainda que o ato seja praticado por agente incompetente, este não passa a ser competente, salvo dispositivo legal que preveja de forma diversa. Trata-se da **improrrogabilidade da competência**.

Quando o agente tem competência para praticar o ato, mas a excede, há o que se denomina **excesso de poder**[39], fator que pode gerar nulidade.

O excesso de poder é uma vertente do abuso de poder. A outra é o desvio de poder, que é o vício na finalidade do ato administrativo.

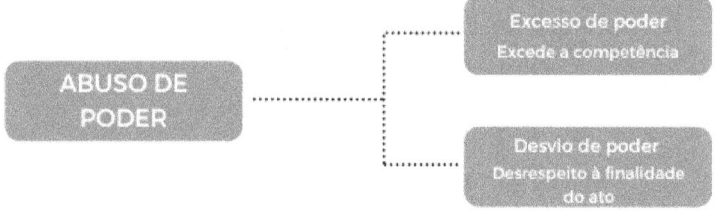

Exemplo de excesso de poder: o agente tem competência para aplicar a punição X, mas aplica X e Y.

Segundo a lição da Profª. Maria Sylvia Di Pietro "o excesso de poder ocorre quando o agente público excede os limites de sua competência; por exemplo, quando a autoridade, competente para

---

[39] A lei 4.717/65 (Lei da ação popular), define excesso de poder no art. 2º, parágrafo único, "a": a incompetência fica caracterizada quando o ato não se incluir nas atribuições legais do agente que o praticou.

aplicar a pena de suspensão, impõe penalidade mais grave, que não é de sua atribuição; ou quando a autoridade policial se excede no uso da força para praticar ato de sua competência"[40].

O **vício de incompetência**, pela doutrina administrativista, pode ser **declarado nulo ou convalidado**, a depender da situação. Se o vício for relativo à matéria ou competência exclusiva, impõe-se a nulidade. Se for competência quanto à pessoa, pode ser convalidado, desde que não seja caso de competência exclusiva (art. 13, III, lei 9.784/99).

Ainda no tema competência, necessário tratarmos de duas situações que também configuram irregularidades. Trata-se da **função de fato** e da **usurpação de função**.

A função de fato se caracteriza quando a pessoa foi regularmente investida no cargo, emprego público ou função pública, mas encontra-se presente alguma ilegalidade na investidura ou impedimento legal para a prática do ato. Cita-se como exemplo o caso de inexistência de formação universitária quando a função a exige.

---

[40] ALEXANDRINO, Marcelo; PAULO, Vicente. Direito Constitucional Descomplicado. 9ª Edição, pg. 483/484.

Em virtude da **teoria da aparência**[41], o ato é considerado válido. Preserva-se a boa-fé dos administrados, a segurança jurídica e o principio da presunção de legalidade dos atos administrativos.

Verifica-se a usurpação de função quando inexiste investidura. Não há quaisquer espécies de relações com a administração. Configura crime[42]. O entendimento majoritário é no sentido de que o ato é inexistente. Assim, não há que se falar em convalidação.

3.2.2. FINALIDADE

A finalidade do ato administrativo é atender aos interesses públicos. O desrespeito gera o vício de abuso de poder na modalidade desvio de finalidade (desvio de poder). Há contrariedade também à Constituição, na medida em que atinge os princípios da impessoalidade e moralidade.

---

[41] Pela teoria da aparência, reconhece-se como verdadeira situação que apenas parece real. Para o administrado, há aparência de legalidade, de ato regular.
[42] Art. 328, CP. Usurpar o exercício de função pública:
Pena: detenção, de três meses a dois anos, e multa.
Parágrafo único. Se do fato o agente aufere vantagem:
Pena: reclusão, de dois a cinco anos, e multa.

O ato praticado com desvio de finalidade está eivado de vício insanável, o que torna o ato nulo, impossível de ser convalidado. **Trata-se de requisito vinculado.**

Verificam-se duas facetas do requisito finalidade nos atos administrativos:

i. **Finalidade geral ou mediata**: presente em todos os atos administrativos, de forma implícita ou explícita na lei. Visa garantir a satisfação do interesse público.

ii. **Finalidade específica ou imediata**: É o objetivo direto previsto na lei, o resultado a ser alcançado. Ressalte-se: ainda que o ato seja compatível com o interesse público, há desvio de finalidade se a lei não prevê aquela finalidade.

Observe-se que a finalidade do ato não é determinada pelo agente público, mas pela lei (ato vinculado).

Uma vez que o interesse público é conceito jurídico indeterminado, parte minoritária da doutrina sustenta que, no caso concreto, há possibilidade de certa discricionariedade quando da apreciação da finalidade geral do ato.

3.2.3. FORMA

Quando se fala em forma, referimo-nos ao modo de exteriorização do ato administrativo. Significa que o ato deve ter a forma que a lei determina.

Como regra, todo administrativo é formal, sendo a forma exigida a escrita.

No âmbito das regras relacionadas ao trânsito, podemos vislumbrar a existência de atos administrativos não escritos, tais como gestos, apitos e sinais luminosos na condução do trânsito; cartazes e placas que expressam uma ordem da administração pública, tais quais as que proíbem estacionar, proíbem fumar etc[43].

Vale ressalvar que existem autores que entendem existir uma percepção ampla de forma, abrangendo além do modo de exteriorização do ato, a observância das formalidades exigidas por lei para que o ato administrativo seja válido.

É evidente que as formalidades exigidas para a emissão válida do ato administrativo são elementos externos a ele,

---

[43] ALEXANDRINO, Marcelo; PAULO, Vicente. Direito Constitucional Descomplicado. 9ª Edição, pg. 486.

não são, a rigor, parte intrínseca do ato, não integram o ato em si mesmo considerado. A eminente administrativista supracitada observa, aliás, que, "na concepção ampla, considera-se o ato dentro de um procedimento", mas pondera que "tanto a inobservância da forma como a do procedimento produzem o mesmo resultado, ou seja, a ilicitude do ato". E arremata: "**a observância das formalidades constitui requisito de validade do ato administrativo, de modo que o procedimento administrativo integra o conceito de forma**"[44].

Assim, a inexistência de processo administrativo para aplicação da multa ou suspensão/cassação da CNH ou o desrespeito a quaisquer das formalidades previstas, tais como o desrespeito à dupla notificação ou a inobservância do contraditório e da ampla defesa, dão azo ao vício de forma.

A doutrina tradicional entende tratar-se de requisito sempre vinculado. Por todos, menciona-se Hely Lopes Meirelles.

Por outro lado, há doutrina contemporânea posicionando-se no sentido de que a vinculação é regra geral, mas a forma pode ser discricionária.

> Lei 9.784/99, art. 22. Os atos do processo administrativo **não** dependem de forma determinada **senão** quando a lei expressamente a exigir.

---

[44] ALEXANDRINO, Marcelo; PAULO, Vicente. Direito Constitucional Descomplicado. 9ª Edição, pg. 486.

Desta feita, conclui-se: uma vez que a lei preveja forma determinada, sua observância é obrigatória, sob pena de nulidade por vício de forma. Frise-se que a nulidade somente é reconhecida quando a forma for essencial à validade do ato.

Se não houver previsão determinada na lei, confere-se à administração discricionariedade (conveniência e oportunidade) para adotar a forma que considere mais adequada, atentando-se para a segurança jurídica, bem como observando-se o contraditório e a ampla defesa. Aqui é possível a convalidação.

Importante salientar que a **motivação** é parte integrante da forma do ato administrativo. Uma vez não apresentada motivação, quando obrigatória, o ato estará eivado do vício de forma.

Por fim, tem-se que o defeito na **forma** e no **procedimento** são caracterizados como vício de forma.

ATENÇÃO!

Forma= exteriorização da vontade.

Procedimento= sequência ordenada de atos.

3.2.4. MOTIVO

São as situações de fato e de direito que autorizam a realização do ato administrativo. É a causa imediata do ato administrativo.

> ... os atos administrativos são praticados quando ocorre a coincidência, ou subsunção, entre uma situação de fato (ocorrida no mundo natural, também chamado mundo empírico) e uma hipótese descrita em norma legal. A doutrina, por vezes, utiliza o vocábulo "causa" para aludir ao elemento motivo[45].

Em nosso caso, os motivos são as infrações cometidas. Não se confundem com motivação, sendo certo que esta representa o elemento de convicção para certificar o ocorrido.

Motivo = cometimento da infração de trânsito.

Motivação = indicação dos elementos constantes nos autos do processo que indicam que a infração realmente foi cometida.

Em que pese o entendimento crescente no sentido de que todos os atos devem ser motivados, com o fim de dar maior legitimidade às decisões administrativas, há que se destacar que, em se tratando de atos discricionários, inexiste tal obrigatoriedade.

---

[45] ALEXANDRINO, Marcelo; PAULO, Vicente. Direito Constitucional Descomplicado. 9ª Edição, pg. 488.

Todavia, em virtude da **teoria dos motivos determinantes**, sempre que a administração apresentar um motivo quando não seja obrigada (atos discricionários), fica a ele vinculado, sob pena de nulidade no caso de não ser constatado o referido motivo.

TEORIA DOS MOTIVOS DETERMINANTES

Pela teoria dos motivos determinantes, entende-se que a validade do ato está vinculada a que os motivos apresentados correspondam à realidade.

Importante salientar que se o ato estiver alicerçado em diversos motivos e apenas um deles não for verdadeiro, não há que se falar em nulidade.

Na prática, é possível identificar dois vícios: motivo inexistente (fato inexistente) e motivo ilegítimo (juridicamente inadequado).

Verifica-se **motivo inexistente** quando o fato apontado como causa do ato administrativo não existe (lançamento de auto de infração quando ausente o cometimento de quaisquer infrações de trânsito, por exemplo).

O **motivo é ilegítimo** quando, realizada a subsunção do fato à norma, há equívoco no enquadramento.

> TRANSPORTE COLETIVO TRATADO COMO "ALTERNATIVO" – APREENSÃO – AUTORIDADE DE TRÂNSITO – IMPUTAÇÃO DE INFRAÇÃO POR AUSÊNCIA DE LICENCIAMENTO – ARTIGO 230, V, DO CTB – VEÍCULO LICENCIADO – MOTIVO INEXISTENTE – ATO NULO – TEORIA DOS MOTIVOS DETERMINANTES. É nulo o ato administrativo que apresenta motivos falsos ou inexistentes. Hipótese em que o agente de trânsito motivou sua autuação em infração inexistente, eivando de nulidade insanável seu ato, que impõe sua invalidação e dos efeitos dele decorrentes.
>
> Não subsiste o auto de infração que se utiliza, como base legal da autuação, os preceitos do art. 230, V, do Código de Trânsito Brasileiro, quando o suporte fático da autuação relaciona-se ao transporte remunerado de passageiros sem licença para esse fim. 3. A infração prevista no art. 230, V, do CTB, refere-se à ausência de licenciamento genérico, o qual todo e qualquer veículo que circula nas vias públicas precisa ter, consoante previsto nos arts. 130 e 131 do mesmo Código, enquanto que o transporte remunerado de passageiros sem licença está previsto no art. 231, VIII. 4. Recurso especial parcialmente conhecido e, no mérito, improvido (RECURSO ESPECIAL Nº 592.795 – MG; Relatora: MINISTRA ELIANA CALMON).

No exemplo acima, em que pese o acórdão falar em motivo inexistente, verifica-se que a nulidade se deu em virtude de incorreto enquadramento da infração. Aplicar-se-ia a primeira situação (motivo inexistente) no caso de não ser verificada nenhuma infração, o que não foi o caso.

3.2.5. OBJETO

É o conteúdo do ato administrativo, a modificação que o ato causa no mundo jurídico. Desta feita, pode-se afirmar que o objeto da aplicação da multa é a própria multa.

> ... assim como no direito privado, deve ser lícito (conforme a lei), possível (realizável no mudo dos fatos e do direito), certo (definido quanto aos destinatários, aos efeitos, ao tempo e ao lugar) e moral (em consonância com os padrões comuns de comportamento, corretos, justos e éticos)...[46]

O vício no objeto é insanável, ocasionando nulidade do ato.

Quando estamos diante de um ato vinculado, cada motivo possui apenas um objeto. Em se tratado de atos discricionários, em que há maior liberdade do agente público, há possibilidade de escolher o motivo dentro das possibilidades legais.

Afirma-se, doutrinariamente, que nos atos vinculados, motivo e objeto são vinculados. Lado outro,

---

[46] TORRES, Ronny Charles de Lopes; NETO, Fernando Ferreira Baltar. Direito Administrativo. Salvador: Juspodivm, 2019, pg. 171.

nos atos discricionários, motivo e objeto são discricionários.

O binômio motivo-objeto permite verificar se o ato é discricionário (mérito administrativo) ou vinculado.

MÉRITO ADMINISTRATIVO

Entende-se como mérito administrativo o poder que a lei concede ao agente público para, nos atos discricionários, e dentro dos limites estabelecidos pela lei, escolher o conteúdo do ato, de acordo com a oportunidade e conveniência da administração.

Ainda que estabelecida certa margem para que o agente público decida de acordo com a conveniência e oportunidade, é importante que seja observado o princípio da razoabilidade, segundo o qual a administração deve adotar as medidas menos gravosas e que atendam à finalidade da lei.

Ademais, reza o art. 50 da Lei 9.784/99, que os atos devem ser motivados quando neguem, limitem ou afetem direitos ou interesses ou imponham ou agravem deveres, encargos ou sanções. Logo, a autoridade é obrigada a apresentar os motivos do seu convencimento.

Pela teoria dos motivos determinantes, se os motivos inexistirem ou não coincidirem com a realidade, cabe o pedido de nulidade do ato.

Nestes casos, sustenta-se, ainda, que não foi observada a finalidade pública e que não houve proporcionalidade.

Importante salientar que o mérito administrativo, por se tratar de conveniência e oportunidade, não pode ser controlado pelo Judiciário nos elementos motivo e objeto. Assim, em relação a estes requisitos, o ato discricionário não pode ser anulado nem pelo Judiciário nem pela administração (a anulação se refere a atos ilegítimos), apenas revogado (a revogação se aplica à conveniência e oportunidade) pela própria administração.

Todavia, quando há extrapolação dos limites estipulados pela lei, não prevalece o entendimento de que o Judiciário não tem poder de interferir, vez que estamos tratando de controle de legitimidade/legalidade, podendo o Judiciário decidir, de forma definitiva, a questão.

Ressalta-se que competência, finalidade e forma sempre são vinculados.

A fim de complementar o estudo, leia o item "2.2.7", que trata do princípio da autotutela. Ali é analisado o entendimento doutrinário que permite a ingerência do Poder Judiciário em relação aos atos discricionários (mérito administrativo).

3.3. ATRIBUTOS DO ATO ADMINISTRATIVO

Referem-se às qualidades ou características dos atos administrativos.

A doutrina majoritária identifica como atributos:

a) presunção de legitimidade;

b) imperatividade;

c) autoexecutoriedade;

d) tipicidade.

Conforme será visto, os atributos da imperatividade e a autoexecutoriedade não estão previstos em todos os atos administrativos.

3.3.1. PRESUNÇÃO DE LEGITIMIDADE

A presunção de legitimidade significa, em linhas gerais, que o ato encontra-se em conformidade com a lei e com os princípios que regem a administração, competindo ao condutor fazer prova em contrário.

> Podemos, também, distinguir a **presunção de legitimidade** da **presunção de veracidade**: a primeira seria a presunção de que o ato praticado pela administração estaria de acordo com a lei, enquanto a segunda diz respeito aos fatos, presumindo que estes são verdadeiros quando alegados pela administração, como nos casos de certidões, atestados, declarações, vez que dotadas de fé pública[47].

---

[47] TORRES, Ronny Charles de Lopes; NETO, Fernando Ferreira Baltar.

A presunção de legitimidade é decorrência do princípio da legalidade. A presunção é relativa (*juris tantum*), significando dizer que admite prova em contrário a ser produzida pelo condutor.

Na prática, a presunção de legitimidade e/ou de veracidade coloca o condutor-infrator em evidente desvantagem, dada a vulnerabilidade e inexistência de meios idôneos capazes de comprovar suas alegações.

Assim, a legitimidade deve ser apoiada em elementos materiais, a fim de que se alcance a justiça do caso concreto. Neste sentido, confira-se a jurisprudência:

> ADMINISTRATIVO. AUTO DE INFRAÇÃO. PRESUNÇÃO DE LEGITIMIDADE E VERACIDADE DOS ATOS ADMINISTRATIVOS. AUSÊNCIA DE PROVA DO COMETIMENTO DA INFRAÇÃO. Não é possível decidir a questão a partir da mera presunção de legitimidade dos atos administrativos, na ausência de qualquer prova material de que o autor teria se evadido da fiscalização de pesagem, providência que incumbia a ANTT. (TRF4, APELAÇÃO CÍVEL Nº 5010145-94.2014.404.7209, 4ª TURMA, Des. Federal CÂNDIDO ALFREDO SILVA LEAL JÚNIOR, POR UNANIMIDADE, JUNTADO AOS AUTOS EM 07/04/2017).

3.3.2. IMPERATIVIDADE

Poder que possui a administração de criar obrigações ou impor restrições ao administrado, unilateralmente, ainda que não haja aceitação por parte deste.

Exemplos: atos normativos (Resoluções do CONTRAN); Imposição de penalidades (multa).

3.3.3. AUTOEXECUTORIEDADE

Significa que os atos podem ser impostos pela administração, inclusive com emprego de força, sem que precise de autorização judicial.

São aplicáveis quando há previsão legal e nos casos de urgência.

Exemplo bastante comum é quando o veículo é levado para o pátio público, nas situações em que o condutor está bêbado e não apresenta pessoa apta a conduzir o veículo.

De suma importância para nós, as **multas não possuem o atributo de autoexecutoriedade**. Neste caso, é preciso que a Administração se socorra do Judiciário para efetuar a cobrança da multa.

3.3.4. TIPICIDADE

Decorre do princípio da legalidade. Significa que os atos administrativos devem corresponder a figuras previamente estipuladas na lei. Impede que a administração pratique atos inominados.

3.4. CLASSIFICAÇÃO DOS ATOS ADMINISTRATIVOS

Vamos abordar as classificações que reputamos mais relevantes para o estudo do processo administrativo de trânsito.

3.4.1. ATOS GERAIS E ATOS INDIVIDUAIS

Os atos **gerais** são aqueles em que não há destinatários específicos. Tem caráter de norma. Prevalecem em relação aos atos individuais.

Ex: Resoluções do CONTRAN

São **individuais** aqueles atos em que os destinatários estão determinados. Subdividem-se em **singulares** (um único destinatário) e **plúrimos** (mais de um destinatário, porém todos são identificados).

Os atos gerais, sendo abstratos, não geram direito subjetivo, podendo ser revogados a qualquer tempo. Já os atos individuais, geram direito subjetivo, tornando-se irrevogáveis.

> Súmula 473, STF. A administração pode anular seus próprios atos, quando eivados de vícios que os tornam ilegais, porque deles não se originam direitos; ou revogá-los, por motivo de conveniência ou oportunidade, respeitados os direitos adquiridos, e ressalvada, em todos os casos, a apreciação judicial.

3.4.2. ATOS VINCULADOS E ATOS DISCRICIONÁRIOS

Em alguma medida, já tratamos do tema ao longo do trabalho. Vamos aprofundar um pouco mais o conhecimento.

São considerados atos **vinculados** aqueles em que todos os requisitos (competência, finalidade, forma, motivo e objeto) estão previstos na lei, sem que seja concedida ao agente público a possibilidade de escolha. **Todos os elementos devem ser implementados.**

Como exemplo, menciona-se o art. 252, do CTB, segundo o qual constitui infração dirigir com o braço para o lado de fora do veículo. Veja que não há espaço para o exercício da conveniência e oportunidade. Objetivamente, se o braço está para o lado de fora, o agente da autoridade de trânsito não tem outra opção, senão efetuar a autuação, sob pena de, não agindo, falhar no cumprimento de seu dever profissional, podendo lhe acarretar sanções.

Como visto alhures, considera-se **discricionário** o ato em que se concede certo grau de liberdade para que o agente público decida, dentre as alternativas legais, aquela que se enquadra melhor à situação posta, sempre com o fim de atender o interesse público e que represente menor onerosidade para o administrado. É o mérito administrativo, personificado nos elementos motivo e objeto.

3.4.3. ATO NULO, ANULÁVEL E INEXISTENTE

É **nulo** o ato que possui vício insanável, como finalidade e competência, **não podendo ser convalidado.**

O ato é **anulável** quando possui vício sanável, **passível de convalidação.**

A **inexistência** se mostra quando o ato possui apenas aparência de ato jurídico. O exemplo típico mencionado pela doutrina é da pessoa que se passa por agente público (usurpador de função). Nestes casos há nulidade, não gerando, o ato, quaisquer efeitos.

3.4.4. ATO PERFEITO, VÁLIDO, EFICAZ E EXEQUÍVEL

Diz-se que o ato é **perfeito** quando foram cumpridas todas as etapas necessárias para sua existência. Não significa, no entanto, que foram cumpridas todas as normas legais. Assim sendo, é possível que um ato seja perfeito, mas inválido.

Define-se como **válido** o ato que cumpriu todas as exigências determinadas pela lei, como competência para a prática do ato, finalidade, forma, motivo e objeto. Não apresenta vícios, irregularidades. Não significa, contudo, que está produzindo efeitos.

O ato é **eficaz** quando está apto a produzir efeitos.

Observe-se que se o ato estiver pendente de alguma condição suspensiva, há impedimento para a produção imediata de efeitos.

Devido à presunção de legitimidade do ato administrativo e da imperatividade, é possível que um ato inválido seja eficaz, ou seja, produza efeitos, até que seja declarada sua invalidade, administrativa ou judicialmente.

Não se confunde eficácia com perfeição. A perfeição refere-se à existência do ato. A eficácia trata da capacidade para produzir efeitos.

Temos como **exequível** o ato apto a produzir efeitos **imediatamente**.

Imagine um ato que cumpriu todas as suas etapas de formação (perfeito) e foi devidamente publicado (eficaz), porém com a determinação de que começará a produzir efeitos seis meses após a publicação. Haverá exequibilidade somente após o decurso dos seis meses.

3.4.5. ATOS DE IMPÉRIO, GESTÃO E EXPEDIENTE

Os atos de **império** possuem imperatividade (*jus imperie*). Impõem-se ao administrado.

São de **gestão** os atos destinados a gerir os bens e serviços da administração. A administração se encontra em igualdade com o particular.

Já os atos de **mero expediente** visam dar andamento aos processos e papéis que tramitam na administração.

3.4.6. ATOS SIMPLES, COMPLEXOS E COMPOSTOS

Simples são os atos que dependem da manifestação de um único órgão, como a licença para condução de veículos.

Os atos **complexos** dependem da manifestação de mais de um órgão. No entanto, há um único ato. A revogação do ato depende também da manifestação de todos os órgãos. Há duas vontades principais.

Nos atos **compostos** há manifestação de mais de um órgão, sendo uma principal e outra acessória. A acessória, geralmente é homologatória da vontade principal.

3.4.7. ATOS CONSTITUTIVOS, DECLARATÓRIOS E ABLATÓRIOS

Os atos **constitutivos** fazem nascer o direito para o administrado, como a licença para condução de veículo.

Atos **declaratórios** se limitam a afirmar a existência de direito do administrado.

Por fim, os atos **ablatórios**, também chamados de ablativos, restringem os direitos dos administrados, como ocorre com a cassação do direito de dirigir.

3.5. ESPÉCIES DE ATOS ADMINISTRATIVOS

3.5.1. ATOS NORMATIVOS

Tem como função regulamentar a Lei. Não podem inovar no ordenamento jurídico, criando obrigações ou direitos. São aplicáveis a todos aqueles que se enquadrem na situação descrita.

Aplicam-se a destinatários indeterminados, mas determináveis. Podem ser considerados leis em sentido material (possuem a generalidade das leis) e ato administrativo em sentido formal (não é lei em sentido estrito, não pode inovar o ordenamento).

Exemplo: Resoluções do CONTRAN.

3.5.2. ATOS PUNITIVOS

Como o próprio nome indica, são os instrumentos por meio dos quais a administração impõe sanções aos administrados ou aos servidores. É decorrência do poder de polícia e do poder disciplinar.

Independem da aquiescência do Judiciário, que pode exercer o controle da legalidade e da proporcionalidade em relação à sanção aplicada.

É necessária a **expressa previsão legal** da punição **ou** a **necessidade imediata**, cuja omissão possa acarretar prejuízo à coletividade.

Exemplo: multa.

3.5.3. ATOS ENUNCIATIVOS

São os atos em que a administração certifica, atesta um fato que se encontra em seus registros ou emite opinião sobre determinado assunto.

Exemplos: certidões, atestados, pareceres ou notas técnicas.

3.5.4. ATOS NEGOCIAIS

São as manifestações da administração que vão ao encontro da pretensão dos particulares.

Exemplos: autorização, permissão, licença.

3.5.5. ATOS ORDINATÓRIOS

São os comandos expedidos por autoridade superior para os subordinados. Não podem contrariar os atos normativos. Não podem obrigar os particulares.

Exemplos: ordens de serviços, circulares, portarias.

3.6. EXTINÇÃO DOS ATOS ADMINISTRATIVOS

3.6.1. ANULAÇÃO

Ocorre nas situações e que o ato é **ilegítimo**, há vício. Há **controle de legalidade**. O vício insanável é nulo e gera a anulação. Se o vício for sanável, pode ser anulado ou convalidado.

A anulação tem efeito retroativo (desde a prática do ato, *ex tunc*). Todavia, mantém seus efeitos em relação aos terceiros de boa-fé.

Por ser o ato inválido, o **controle** pode ser realizado pela própria **Administração** ou pelo **Poder Judiciário**.

3.6.2. REVOGAÇÃO

Diz respeito ao **mérito administrativo**. O ato **não é inválido**, mas por questões de **conveniência e oportunidade**, são retirados do mundo jurídico.

Como regra, o controle só pode ser realizado pela Administração, não pelo Poder Judiciário.

Importante ressaltar que, embora haja discricionariedade da Administração para revogar seus próprios atos e a ingerência do Poder Judiciário neste aspecto, se ficar comprovado que foram extrapolados os limites legais, o Judiciário pode atuar, uma vez que configurado o vício de legalidade, passível de anulação.

Os efeitos são prospectivos (*ex nunc*), valem do momento da decisão de revogação em diante. **Não possui efeito retroativo.**

3.6.3. CASSAÇÃO

Consiste na invalidação de ato inicialmente regular, mas que se tornou irregular no momento da execução. É espécie do gênero anulação. Possui efeito *ex tunc*.

Exemplo: cassação do documento de habilitação.

3.7. CONVALIDAÇÃO DE ATOS ADMINISTRATIVOS

A convalidação nada mais é do que tornar válido um ato que originalmente era inválido. **Não** pode ser realizada em relação a todos os vícios e tem efeito retroativo, ou seja, uma vez convalidado, tem validade desde o momento em que foi editado.

A convalidação é um ato discricionário da Administração.

3.7.1. Tipo de vício e possibilidade de convalidação

Competência: se for incompetência em relação ao sujeito, cabe convalidação, desde que não se trate de competência exclusiva.

Não se convalida incompetência em razão da matéria.

Finalidade e motivo: não podem ser convalidados.

Forma: pode ser convalidado, desde que a forma não seja essencial à validade do ato.

Em momento anterior dissemos que o vício de forma não pode ser convalidado.

Explica-se: se a Lei determinar forma específica para a prática do ato, como no processo administrativo, que deve ser escrito, não há possibilidade de convalidação. Se não houver forma definida, o Poder Público pode adotar a forma que entender mais adequada, sempre atendendo ao interesse público.

Tal conclusão é retirada do art. 22 da Lei 9.874/99, que regula o processo administrativo no âmbito federal e afirma que *"os atos do processo administrativo não dependem de forma determinada senão quando a lei expressamente a exigir"*.

Sobre ponto, retorne ao Capítulo 3, item "3.2.3".

CAPÍTULO 4. COMPOSIÇÃO DO SISTEMA NACIONAL DE TRÂNSITO (SNT)

Art. 5º. O Sistema Nacional de Trânsito é o conjunto de órgãos e entidades da **União, dos Estados, do Distrito Federal e dos Municípios** que tem por **finalidade** o exercício das atividades de planejamento, administração, normatização, pesquisa, registro e licenciamento de veículos, formação, habilitação e reciclagem de condutores, educação, engenharia, operação do sistema viário, policiamento, **fiscalização, julgamento de infrações e de recursos e aplicação de penalidades.**

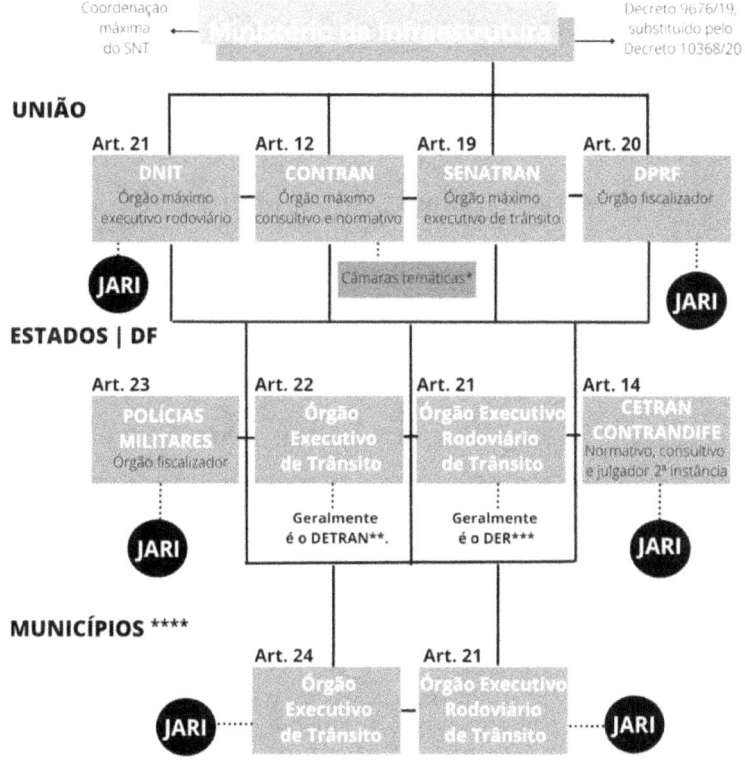

* Câmaras temáticas. A previsão de criação encontra-se no art. 12, IV, CTB. São órgãos técnicos vinculados ao CONTRAN, integrados por especialistas e têm como objetivo estudar e oferecer sugestões e embasamento técnico sobre assuntos específicos para decisões daquele colegiado (art. 13, CTB).

** A nomenclatura pode variar de estado para estado.

*** D.E.R= Departamento de Estradas e Rodagens. Trata-se de órgão executivo rodoviário no âmbito do estado ou do DF, com circunscrição sobre vias e estradas estaduais de sua sede. A nomenclatura pode variar de estado para estado.

**** Existem mais de 5.500 municípios no Brasil. Cada um pode utilizar nomenclatura própria para identificar seus órgãos executivos e executivos rodoviários de trânsito.
Não se preocupe com o nome. Um dos requisitos do Auto de Infração de Trânsito é a identificação do órgão.

OBSERVAÇÃO: os artigos mencionados se referem ao Código de Trânsito

Recorde-se, inicialmente, que compete aos órgãos e entidades componentes do Sistema Nacional de Trânsito a garantia do trânsito em condições seguras[48], respondendo, objetivamente, no âmbito de suas respectivas competências, pelos danos causados aos cidadãos em virtude de ação, omissão ou erro na execução e manutenção de programas, projetos e serviços que garantam o exercício do direito ao trânsito seguro[49].

---

[48] Art. 1º, §2º. O trânsito, em condições seguras, é um direito de todos e dever dos órgãos e entidades componentes do Sistema Nacional de Trânsito, a estes cabendo, no âmbito das respectivas competências, adotar as medidas destinadas a assegurar esse direito.
[49] Art. 1º, §3º. Os órgãos e entidades componentes do Sistema Nacional de Trânsito respondem, no âmbito das respectivas competências, objetivamente, por danos causados aos cidadãos em

Os órgãos do Sistema Nacional de trânsito possuem como objetivos a defesa da vida, a preservação da saúde e do meio-ambiente[50].

A composição do Sistema Nacional de Trânsito engloba órgãos e entidades de todos os entes da federação (União, Estados, Distrito Federal e Municípios). Dividem-se em órgãos normativos, executivos, fiscalizadores e julgadores.

Passemos à análise de cada um dos órgãos e/ou entidades que compõem o Sistema Nacional de Trânsito.

4.1. MINISTÉRIO DA INFRAESTRUTURA

> Art. 9º O Presidente da República designará o ministério ou órgão da Presidência responsável pela **coordenação máxima do Sistema Nacional de Trânsito**, ao qual estará vinculado o CONTRAN e subordinado o órgão máximo executivo de trânsito da União.

---

virtude de ação, omissão ou erro na execução e manutenção de programas, projetos e serviços que garantam o exercício do direito do trânsito seguro.
[50] Art. 1º, §5º. Os órgãos e entidades de trânsito pertencentes ao Sistema Nacional de Trânsito darão prioridade em suas ações à defesa da vida, nela incluída a preservação da saúde e do meio-ambiente.

Conforme disposição legal acima mencionada, o Presidente da República tem a discricionariedade de determinar o órgão que será o responsável pela coordenação Máxima do Sistema Nacional de Trânsito. O referido ministério/órgão vincula o CONTRAN e subordina o órgão máximo executivo de trânsito da União (atualmente, o SENATRAN).

> Inicialmente, a gestão máxima das atividades do sistema competia ao Ministério da Justiça (Decreto 2327/97). No ano de 2003, tal competência foi transferida para o Ministério das Cidades (Decreto 4711/03). A partir de 2019, com o início do atual governo, assumiu a função o Ministério da Infraestrutura (Decreto 9676/19, substituído pelo Decreto 10368/20).

4.2. UNIÃO

4.2.1. Órgão máximo executivo de trânsito da União

O órgão máximo executivo da União é a Secretaria Nacional de Trânsito (SENATRAN)[51]. Possui autonomia

---

[51] Até agosto do ano de 2021, órgão máximo executivo de trânsito da União era o Departamento Nacional de Trânsito (DENATRAN). A modificação se deu em virtude da publicação do Decreto 10.788/2021. A elevação à categoria de secretaria confere maior autonomia e agilidade aos gestores.

administrativa e técnica. Sua circunscrição[52] estende-se sobre todo o território Nacional. Sua sede é em Brasília.

O SENATRAN é subordinado ao Ministério da Infraestrutura (MINFRA), significando dizer que suas deliberações são dependentes da política nacional estabelecida por aquele ministério.

Sua principal função é dar cumprimento à legislação de trânsito, assim como executar as normas e diretrizes estabelecidas pelo Conselho Nacional de Trânsito. Possui, ainda, a atribuição de supervisionar e coordenar os órgãos responsáveis pelo controle e fiscalização da execução da Política Nacional de Trânsito.

Suas competências estão descritas no art. 19 do CTB.

---

[52] Há quem fale em jurisdição. Todavia, entendemos que, tecnicamente, a jurisdição diz respeito aos órgãos do Poder Judiciário. Assim, o mais correto é falar-se em circunscrição. Os órgãos administrativos exercem mera função administrativa, não jurisdição, repita-se.

4.2.2. Órgão máximo normativo de trânsito da União

O SENATRAN executa as normas. Lado outro, existe o órgão que cria as normas (sem inovar o ordenamento jurídico, visto que devem regulamentar a lei, apenas). No âmbito da União tal tarefa é incumbência do Conselho Nacional de Trânsito (CONTRAN). O órgão é presidido pelo dirigente do órgão máximo executivo de trânsito da União (SENATRAN). As normas são estabelecidas através de resoluções.

O CONTRAN também exerce função consultiva.

As competências do CONTRAN estão enumeradas no art. 12 do CTB. Destacamos os incisos VIII, IX, XIII e XXIV:

> Art. 12. Compete ao CONTRAN:
>
> VIII. estabelecer e normatizar os procedimentos para o enquadramento das condutas expressamente referidas neste Código, para a fiscalização e a aplicação das medidas administrativas e das penalidades por infrações e para a arrecadação das multas aplicadas e o repasse dos valores arrecadados;
>
> IX - responder às consultas que lhe forem formuladas, relativas à aplicação da legislação de trânsito;
>
> XIII - avocar, para análise e soluções, processos sobre conflitos de competência ou circunscrição, ou, quando necessário, unificar as decisões administrativas;

XIV - dirimir conflitos sobre circunscrição e competência de trânsito no âmbito da União, dos Estados e do Distrito Federal.

4.2.3. Departamento de Polícia Rodoviária Federal (PRF)[53]

O art. 20 do CTB estabelece a competência da Polícia Rodoviária Federal. Tem como **área de atuação** (circunscrição) as **rodovias e estradas federais**.

Destacamos as atribuições da PRF que consideramos mais relevantes e que têm estreita ligação com o tema ora estudado:

a) cumprir e fazer cumprir a legislação e as normas de trânsito, no âmbito de suas atribuições;

b) realizar o patrulhamento ostensivo, objetivando preservar a ordem, a incolumidade das pessoas, o patrimônio da União e o de terceiros;

---

[53] Art. 144, CF. A segurança pública, dever do Estado, direito e responsabilidade de todos, é exercida para a preservação da ordem pública e da incolumidade das pessoas e do patrimônio, através dos seguintes órgãos:
II - polícia rodoviária federal.
§ 2º A polícia rodoviária federal, órgão permanente, organizado e mantido pela União e estruturado em carreira, destina-se, na forma da lei, ao patrulhamento ostensivo das rodovias federais.

c) fiscalizar o trânsito, **aplicar** as penalidades de **advertência por escrito, multa e medidas administrativas** cabíveis, bem como notificar os infratores, arrecadar as multas aplicadas e dos valores provenientes de estadia e remoção de veículos, objetos e animais e de escolta de veículos de cargas superdimensionadas ou perigosas;

> Observe-se que, diferentemente do que ocorre com as Polícias Militares dos Estados e do Distrito Federal, que tem como função apenas a lavratura do auto de infração (art. 23, III), a Polícia Federal exerce a função de órgão executivo, aplicando a penalidade de advertência escrito, multa e medidas administrativas.
>
> Art. 23. Compete às Polícias Militares dos Estados e do Distrito Federal:
>
> III. executar a **fiscalização** de trânsito, quando e **conforme convênio** firmado, **como agente do órgão ou entidade executivos de trânsito** ou executivos rodoviários, concomitantemente com os demais agentes credenciados.

d) integrar-se a outros órgãos e entidades do Sistema Nacional de Trânsito para fins de arrecadação e compensação de multas impostas na área de sua competência, com vistas à unificação do licenciamento, à simplificação e à celeridade das transferências de veículos e de prontuários de condutores de uma para outra unidade da Federação;

e) **aplicar** a penalidade de **suspensão do direito de dirigir**, quando **prevista de forma específica para a infração cometida**, e comunicar a aplicação da penalidade ao órgão máximo executivo de trânsito da União.

Vide comentários elaborados no item "c".

4.2.4. Órgãos executivos rodoviários de trânsito

Já dissemos que órgãos executivos são os responsáveis por darem fiel cumprimento à lei. Se a atuação do órgão estiver circunscrita à via urbana, denomina-se órgão executivo de trânsito. Sendo a atuação no âmbito das rodovias, a nomenclatura utilizada é órgão executivo rodoviário de trânsito.

As competências dos órgãos executivos rodoviários, sejam da União, dos Estados, do Distrito Federal e dos Municípios estão previstas no art. 21, do CTB.

> Art. 21. Compete aos órgãos e entidades executivos rodoviários da União, dos Estados, do Distrito Federal e dos Municípios, no âmbito de sua circunscrição:
>
> VI. executar a fiscalização de trânsito, autuar, aplicar as penalidades de advertência, por escrito, e ainda as multas e

medidas administrativas cabíveis, notificando os infratores e arrecadando as multas que aplicar;

VIII. fiscalizar, autuar, aplicar as penalidades e medidas administrativas cabíveis, relativas a infrações por excesso de peso, dimensões e lotação dos veículos, bem como notificar e arrecadar as multas que aplicar;

XII. integrar-se a outros órgãos e entidades do Sistema Nacional de Trânsito para fins de arrecadação e compensação de multas impostas na área de sua competência, com vistas à unificação do licenciamento, à simplificação e à celeridade das transferências de veículos e de prontuários de condutores de uma para outra unidade da Federação;

XV. aplicar a penalidade de suspensão do direito de dirigir, quando prevista de forma específica para a infração cometida, e comunicar a aplicação da penalidade ao órgão máximo executivo de trânsito da União.

O **órgão máximo executivo rodoviário no âmbito da União** é o Departamento Nacional de Infraestrutura de Transportes (DNIT). Os Estados/Distrito Federal, bem como os Municípios possuem nomenclaturas próprias e que podem ser modificadas ao longo do tempo.

4.3. ESTADOS | DISTRITO FEDERAL

4.3.1. Órgãos normativos e consultivos de trânsito dos Estados e do Distrito Federal

No âmbito dos Estados, bem como no Distrito Federal, os órgãos normativos e consultivos são, respectivamente, os Conselhos Estaduais de Trânsito (CETRAN's) e o Conselho de Trânsito do Distrito Federal (CONTRANDIFE). São órgãos colegiados, cujos presidentes são nomeados pelos governadores dos Estados e do Distrito Federal.

Art. 14. Compete aos Conselhos Estaduais de Trânsito - CETRAN e ao Conselho de Trânsito do Distrito Federal - CONTRANDIFE:

I - cumprir e fazer cumprir a legislação e as normas de trânsito, no âmbito das respectivas atribuições;

I - elaborar normas no âmbito das respectivas competências;

III - responder a consultas relativas à aplicação da legislação e dos procedimentos normativos de trânsito;

IV - estimular e orientar a execução de campanhas educativas de trânsito;

V - julgar os recursos interpostos contra decisões:

a) das JARI;

b) dos órgãos e entidades executivos estaduais, nos casos de inaptidão permanente constatados nos exames de aptidão física, mental ou psicológica;

VI - indicar um representante para compor a comissão examinadora de candidatos portadores de deficiência física à habilitação para conduzir veículos automotores;

VII - (VETADO)

VIII - acompanhar e coordenar as atividades de administração, educação, engenharia, fiscalização, policiamento ostensivo de trânsito, formação de condutores, registro e licenciamento de veículos, articulando os órgãos do Sistema no Estado, reportando-se ao CONTRAN;

IX - dirimir conflitos sobre circunscrição e competência de trânsito no âmbito dos Municípios; e

X - informar o CONTRAN sobre o cumprimento das exigências definidas nos §§ 1º e 2º do art. 333.

XI - designar, em caso de recursos deferidos e na hipótese de reavaliação dos exames, junta especial de saúde para examinar os candidatos à habilitação para conduzir veículos automotores.

Parágrafo único. Dos casos previstos no inciso V, julgados pelo órgão, não cabe recurso na esfera administrativa.

4.3.2. Órgãos executivos de trânsito dos estados e do Distrito Federal

Os órgãos executivos no âmbito dos estados e do Distrito Federal são os Departamentos Estaduais de Trânsito (DETRAN's).

Destacamos as principais competências dos DETRAN's, conforme art. 22, do CTB:

i. cumprir e fazer cumprir a legislação e as normas de trânsito, no âmbito das respectivas atribuições;

ii. **realizar, fiscalizar e controlar** o processo de formação, de aperfeiçoamento, de reciclagem e de **suspensão de condutores e expedir e cassar** Licença de Aprendizagem, Permissão para Dirigir e Carteira Nacional de Habilitação, **mediante delegação** do órgão máximo executivo de trânsito da União (DENATRAN);

> As competências aqui estabelecidas em relação ao processo de suspensão de condutores serão exercidas quando o condutor atingir o limite de pontos estabelecido no inciso I do art. 261 deste Código ou quando a infração previr a penalidade de suspensão do direito de dirigir de forma específica e a autuação tiver sido efetuada pelo próprio órgão executivo estadual de trânsito (art. 22, parágrafo único, I e II).
>
> Art. 261. A penalidade de suspensão do direito de dirigir será imposta nos seguintes casos:
>
> I. sempre que, conforme a pontuação prevista no art. 259 deste Código, o infrator atingir, no período de 12 (doze) meses, a seguinte contagem de pontos:
>
> a) 20 (vinte) pontos, caso constem 2 (duas) ou mais infrações gravíssimas na pontuação;
>
> b) 30 (trinta) pontos, caso conste 1 (uma) infração gravíssima na pontuação;
>
> c) 40 (quarenta) pontos, caso não conste nenhuma infração gravíssima na pontuação.

iii. estabelecer, em conjunto com as Polícias Militares, as diretrizes para o policiamento ostensivo de trânsito;

iv. **executar a fiscalização de trânsito, autuar e aplicar as medidas administrativas cabíveis** pelas infrações previstas neste Código, **excetuadas** aquelas relacionadas nos incisos VI e VIII do art. 24, no exercício regular do Poder de Polícia de Trânsito;

> O art. 24 supramencionado apresenta as competências dos órgãos executivos de trânsito municipais. Os incisos VI e VIII versam, justamente, sobre as infrações em relação às quais o município exerce a fiscalização, autuação e aplicação das respectivas medidas administrativas, quais sejam: circulação, estacionamento e parada, excesso de peso, dimensões e lotação dos veículos.
>
> **IMPORTANTE**: Os Detran's, nas vias estaduais e municipais, não podem fiscalizar, autuar e aplicar medidas administrativas referentes às infrações acima mencionadas, sob pena de vício de competência, que acarreta a nulidade de todo o procedimento.

v. **aplicar as penalidades por infrações** previstas neste Código, **com exceção** daquelas relacionadas nos incisos VII e VIII do art. 24, **notificando os infratores e arrecadando as multas que aplicar;**

> No mesmo sentido do item anterior, uma vez que não têm competência para autuar, fiscalizar e aplicar medidas administrativas, os Detran's também não possuem competência para aplicar as penalidades em relação às infrações de competência dos municípios.

vi. **comunicar** ao órgão executivo de trânsito da União (DENATRAN) a **suspensão e a cassação** do direito de dirigir e o **recolhimento da Carteira Nacional de Habilitação**;

vii. fornecer, aos órgãos e entidades executivos de trânsito e executivos rodoviários municipais, os dados cadastrais dos veículos registrados e dos condutores habilitados, para fins de imposição e notificação de penalidades e de arrecadação de multas nas áreas de suas competências.

4.3.3. Polícias militares dos Estados e do Distrito Federal

Art. 23. Compete às Polícias Militares dos Estados e do Distrito Federal:

III - executar a **fiscalização** de trânsito, **quando e conforme convênio firmado**, como agente do órgão ou entidade executivos de trânsito ou executivos rodoviários, concomitantemente com os demais agentes credenciados.

Com a entrada em vigor do Código de Trânsito Brasileiro, a competência das polícias militares foi sensivelmente diminuída, visto que anteriormente possuíam batalhões especializados na fiscalização, autuação e aplicação das penalidades e medidas administrativas de trânsito, tanto no âmbito estadual quanto no municipal.

Embora conste como integrante do Sistema Nacional de Trânsito, sua atuação se restringe à fiscalização e à autuação. Ainda assim, somente quando firmado convênio ou acordo com os órgãos executivos ou executivos rodoviários de trânsito.

Frise-se: a aplicação de penalidades e medidas administrativas ficará a cargo do órgão com o qual a PM firmar convênio.

As medidas administrativas que podem ser aplicadas no momento da infração devem ser aplicadas pela Polícia Militar.

4.4. MUNICÍPIOS

4.4.1. Órgãos executivos municipais

O CTB trouxe como novidade legislativa a municipalização do trânsito, que significa a integração do município ao SNT.

Assim, os municípios não fazem parte, pelo simples fato de existirem, do Sistema Nacional de Trânsito, devendo ser promovida, uma vez atendidos os requisitos legais, a sua integração, repita-se.

> Art. 24, §2º. Para exercer as competências estabelecidas neste artigo, os Municípios deverão integrar-se ao Sistema Nacional de Trânsito, por meio de órgão ou entidade executivos de trânsito ou diretamente por meio da prefeitura municipal, conforme previsto no art. 333 deste Código.

A Resolução CONTRAN 811/2020 estabelece o procedimento para a integração do município, sendo certo que a organização administrativa pode se dar de forma direta, por meio de órgão ou entidade executiva de trânsito, com estrutura própria, ou através da prefeitura.

Há a possibilidade, ainda, de constituição de consórcio com outros municípios da mesma Unidade Federativa, mediante a criação de uma entidade executiva de trânsito, com personalidade jurídica própria, e obedecidas as determinações da lei nº 11.107, de 6 de abril de 2005, que dispõe sobre normas gerais de contratação de consórcios públicos.

Por último, é possível que o município celebre convênio diretamente com órgão ou entidade que integre o SNT, delegando total ou parcialmente as atribuições do art. 24 do CTB quando não houver órgão ou entidade executiva de trânsito no respectivo município.

A fiscalização de trânsito deve ser realizada pela autoridade de trânsito ou pelo agente da autoridade de trânsito que tenha realizado curso de formação e atualização e que se enquadre em uma das seguintes categorias:

> Resolução 811/20. Art. 3º, §1º, I a III.
>
> I. **agentes próprios**, ocupantes de cargo ou emprego específico, com provimento efetivo mediante concurso público, conforme inciso II do art. 37 da Constituição Federal (CF), não bastando mera designação por portaria ou outro ato administrativo normativo;
>
> II. **policiais militares do serviço ativo**, quando firmado convênio para esta finalidade, de acordo com o inciso III do art. 23 do CTB; ou
>
> III. **guardas municipais**, na conformidade do inciso VI do art. 5º da Lei nº 13.022, de 8 de agosto de 2014 (Estatuto Geral das Guardas Municipais).

> Lei 13.022/14. Art. 5º. São competências específicas das guardas municipais, respeitadas as competências dos órgãos federais e estaduais:
>
> VI - **exercer as competências de trânsito que lhes forem conferidas**, nas vias e logradouros municipais, **nos termos da Lei nº 9.503**, de 23 de setembro de 1997 (Código de Trânsito Brasileiro), **ou** de **forma concorrente, mediante convênio** celebrado com órgão de trânsito estadual ou municipal.

A inexistência de convênio gera a nulidade da autuação por inexistência de competência.

Sobre a competência da guarda municipal, confira-se interessante julgado:

DIREITO ADMINISTRATIVO. RECURSO EXTRAORDINÁRIO. PODER DE POLÍCIA. IMPOSIÇÃO DE MULTA DE TRÂNSITO. GUARDA MUNICIPAL. CONSTITUCIONALIDADE. 1. Poder de polícia não se confunde com segurança pública. O exercício do primeiro não é prerrogativa exclusiva das entidades policiais, a quem a Constituição outorgou, com exclusividade, no art. 144, apenas as funções de promoção da segurança pública. 2. **A fiscalização do trânsito**, com aplicação das sanções administrativas legalmente previstas, embora possa se dar ostensivamente, **constitui mero exercício de poder de polícia, não havendo, portanto, óbice ao seu exercício por entidades não policiais**. 3. O Código de Trânsito Brasileiro, observando os parâmetros constitucionais, estabeleceu a competência comum dos entes da federação para o exercício da fiscalização de trânsito. 4. Dentro de sua esfera de atuação, delimitada pelo CTB, **os Municípios podem determinar que o poder de polícia que lhe compete seja exercido pela guarda municipal.** 5. O art. 144, §8º, da CF, não impede que a guarda municipal exerça funções adicionais à de proteção dos bens, serviços e instalações do Município. Até mesmo instituições policiais podem cumular funções típicas de segurança pública com exercício de poder de polícia. Entendimento que não foi alterado pelo advento da EC nº 82/2014. 6. Desprovimento do recurso extraordinário e fixação, em repercussão geral, da seguinte tese: **é constitucional a atribuição às guardas municipais do exercício de poder de polícia de trânsito, inclusive para imposição de sanções administrativas legalmente previstas** (RE 658570 / MG. RELATOR: MIN. MARCO AURÉLIO).

O julgamento de recursos contra penalidades impostas pelos órgãos e entidades municipais deve ser realizado por Juntas Administrativas de Recursos de Infrações (JARI).

As competências dos órgãos municipais estão elencadas no art. 24, valendo destacar:

a. cumprir e fazer cumprir a legislação e as normas de trânsito, no âmbito de suas atribuições;

b. implantar, manter e operar o sistema de sinalização, os dispositivos e os equipamentos de controle viário;

c. executar a **fiscalização de trânsito** em vias terrestres, edificações de uso público e edificações privadas de uso coletivo, **autuar e aplicar as medidas administrativas** cabíveis e as **penalidades de advertência por escrito e multa**, por infrações de circulação, estacionamento e parada previstas neste Código, no exercício regular do poder de polícia de trânsito, notificando os infratores e arrecadando as multas que aplicar, exercendo iguais atribuições no âmbito de edificações privadas de uso coletivo, somente para infrações de uso de vagas reservadas em estacionamentos;

d. **aplicar as penalidades de advertência por escrito e multa**, por infrações de circulação, estacionamento e parada previstas neste Código, notificando os infratores e arrecadando as multas que aplicar;

e. **fiscalizar, autuar e aplicar as penalidades e medidas administrativas** cabíveis relativas a infrações por excesso de peso, dimensões e lotação dos veículos, bem como notificar e arrecadar as multas que aplicar;

f. articular-se com os demais órgãos do Sistema Nacional de Trânsito no Estado, sob coordenação do respectivo CETRAN;

g. **aplicar a penalidade de suspensão do direito de dirigir**, quando prevista de forma específica para a infração cometida, e comunicar a aplicação da penalidade ao órgão máximo executivo de trânsito da União;

As competências relativas a órgão ou entidade municipal serão exercidas no Distrito Federal por seu órgão ou entidade executivos de trânsito (art. 24, §1º).

Caso o município não tenha se integrado ao SNT nos termos acima mencionados, imperioso sustentar a nulidade da autuação por ele efetuada. Em que pese não haver obrigatoriedade de integração, uma vez não realizada, a fiscalização, bem como autuação deve ser realizada por outros entes da federação, conforme distribuição de competência estabelecida.

4.4.2. Juntas Administrativas de Recursos e Infrações (JARI)

Art. 17. Compete às JARI:

I. **julgar os recursos interpostos pelos infratores;**

II. solicitar aos órgãos e entidades executivos de trânsito e executivos rodoviários informações complementares relativas aos recursos, objetivando uma melhor análise da situação recorrida;

III. encaminhar aos órgãos e entidades executivos de trânsito e executivos rodoviários informações sobre problemas observados nas autuações e apontados em recursos, e que se repitam sistematicamente.

A Junta Administrativa de Recursos de Infrações não é um órgão vinculado a determinado ente federativo, devendo existir junto à PRF, bem como em todos os órgãos executivos e executivos rodoviários dos Estados, Distrito federal e Municípios.

Art. 16. Junto a cada órgão ou entidade executivos de trânsito ou rodoviário funcionarão Juntas Administrativas de Recursos de Infrações - JARI, órgãos colegiados responsáveis pelo julgamento dos recursos interpostos contra penalidades por eles impostas.

Trata-se de órgão colegiado, cuja principal função é apreciar os recursos interpostos, os chamados recursos de 1ª instância.

CAPÍTULO 5. FISCALIZAÇÃO DO TRÂNSITO

Fiscalizar é o ato de controlar o cumprimento das normas (princípios e regras) estabelecidas na legislação de trânsito. Para tanto é possível lançar mão do poder de polícia.

Consiste o poder de polícia em limitar o exercício dos direitos individuais em benefício do interesse público, conforme previsto no art. 78 e parágrafo único, do CTN[54].

> Art. 78, CTN. Considera-se poder de polícia atividade da administração pública que, limitando ou disciplinando direito, interesse ou liberdade, regula a prática de ato ou abstenção de fato, em razão de interesse público concernente à segurança, à higiene, à ordem, aos costumes, à disciplina da produção e do mercado, ao exercício de atividades econômicas dependentes de concessão ou autorização do Poder Público, à tranquilidade pública ou ao respeito à propriedade e aos direitos individuais ou coletivos.
>
> Parágrafo único. Considera-se regular o exercício do poder de polícia quando desempenhado pelo órgão competente nos limites da lei aplicável, com observância do processo legal e, tratando-se de atividade que a lei tenha como discricionária, sem abuso ou desvio de poder.

---

[54] Código Tributário Nacional

Os órgãos e entidades executivos de trânsito somente podem atuar no âmbito de sua circunscrição, obedecendo-se às competências definidas no CTB e nas Resoluções do CONTRAN.

CIRCUNSCRIÇÃO= área de atuação, território em relação ao qual o órgão ou entidade executiva de trânsito exerce sua competência.

Art. 8º, CTB. Os Estados, o Distrito Federal e os Municípios organizarão os respectivos órgãos e entidades executivos de trânsito e executivos rodoviários, estabelecendo os limites circunscricionais de suas atuações.

Art. 260, CTB. As multas serão **impostas** e **arrecadadas** pelo órgão ou entidade de trânsito com circunscrição sobre a via onde haja ocorrido a infração, de acordo com a competência estabelecida neste Código.

COMPETÊNCIA= distribuição das atribuições para fiscalizar determinado tipo de infração. Indicação do órgão ou entidade de trânsito com competência para autuar (Vide arts. 12 a 25-A do CTB).

Em relação à fiscalização, o Código de Trânsito estabelece os locais em que ela pode ocorrer:

a) Nas vias terrestres urbanas e rurais (ruas, avenidas, logradouros, caminhos, passagens, estradas e rodovias – art. 2º, CTB). É a regra.

Anexo I, CTB.

VIA. superfície por onde transitam veículos, pessoas e animais, compreendendo a pista, a calçada, o acostamento, ilha e canteiro central.

VIA DE TRÂNSITO RÁPIDO. aquela caracterizada por acessos especiais com trânsito livre, sem interseções em nível, sem acessibilidade direta aos lotes lindeiros e sem travessia de pedestres em nível.

VIA ARTERIAL. aquela caracterizada por interseções em nível, geralmente controlada por semáforo, com acessibilidade aos lotes lindeiros e às vias secundárias e locais, possibilitando o trânsito entre as regiões da cidade.

VIA COLETORA. aquela destinada a coletar e distribuir o trânsito que tenha necessidade de entrar ou sair das vias de trânsito rápido ou arteriais, possibilitando o trânsito dentro das regiões da cidade.

VIA LOCAL. aquela caracterizada por interseções em nível não semaforizadas, destinada apenas ao acesso local ou a áreas restritas.

VIA RURAL. estradas e rodovias.

VIA URBANA. ruas, avenidas, vielas, ou caminhos e similares abertos à circulação pública, situados na área urbana, caracterizados principalmente por possuírem imóveis edificados ao longo de sua extensão.

VIAS E ÁREAS DE PEDESTRES. vias ou conjunto de vias destinadas à circulação prioritária de pedestres.

b) Praias abertas à circulação pública (art. 2º, parágrafo único, CTB).

c) Vias internas pertencentes a condomínios constituídos por unidades autônomas (art. 2º, parágrafo único, CTB).

d) Vias e áreas de estacionamento de estabelecimentos privados de uso coletivo (art. 2º, parágrafo único, CTB).

Em relação à fiscalização em estacionamentos, é importante atentar para a modificação efetuada pela Lei 13.146/2015, que inseriu o art. 86-A no CTB, determinado que as vagas de estacionamento deverão ser sinalizadas com as respectivas **placas indicativas de destinação** e com placas informando os **dados sobre a infração** por estacionamento indevido.

> Art. 86-A. As vagas de estacionamento regulamentado de que trata o inciso XVII do art. 181 desta Lei deverão ser sinalizadas com as respectivas placas indicativas de destinação e com placas informando os dados sobre a infração por estacionamento indevido.

Na ausência dos dados na forma da lei, há evidente nulidade da autuação. Em caso de eventual remoção do veículo, existe possibilidade de ação judicial para reparação dos danos experimentados, observada a responsabilidade objetiva dos órgãos e entidades componente do SNT.

A fiscalização pode ser realizada por agente da autoridade de trânsito, pela autoridade de trânsito ou por equipamentos regulamentados pelo CONTRAN, metrológicos ou não metrológicos.

Art. 280, §2º, CTB. A infração deverá ser comprovada por declaração da autoridade ou do agente da autoridade de trânsito, por aparelho eletrônico ou por equipamento audiovisual, reações químicas ou qualquer outro meio tecnologicamente disponível, previamente regulamentado pelo CONTRAN.

Autoridade de trânsito = Dirigente máximo de órgão ou entidade executivo ou executivo rodoviário de trânsito ou pessoa por ele credenciada. Cite-se como exemplo o diretor de DETRAN.

Agente da autoridade de trânsito = É o representante que trabalha na rua exercendo a efetiva fiscalização, seja um civil ou policial militar.

Equipamento metrológico= São aqueles que realizam medição, tais como medidor de velocidade e etilômetro.

Equipamento não metrológico= Apenas constatam a infração, como o que verifica o avanço ao sinal vermelho.

Vislumbra-se, ainda, em consonância com o art. 280, §2º, do CTB, a possibilidade de a fiscalização ser realizada por videomonitoramento.

Neste caso, é obrigatório o preenchimento do campo "observação" no AIT indicando o modo de constatação da infração e somente pode ser realizada nas vias que estejam devidamente sinalizadas indicando que a fiscalização é realizada nestes moldes.

A previsão de fiscalização por videomonitoramento está na Resolução 909/2022, do CONTRAN.

> Resolução 909/2022. Art. 2º. A autoridade ou o agente da autoridade de trânsito, exercendo a fiscalização remota por meio de sistemas de videomonitoramento, poderão autuar condutores e veículos, cujas infrações por descumprimento das normas gerais de circulação e conduta tenham sido detectadas "online" por esses sistemas.
>
> Parágrafo único. A autoridade ou o agente da autoridade de trânsito, responsável pela lavratura do auto de infração, deverá informar no campo "observação" a forma com que foi constatado o cometimento da infração.
>
> Art. 3º A fiscalização de trânsito mediante sistema de videomonitoramento somente poderá ser realizada nas vias que estejam devidamente sinalizadas para esse fim.

A Portaria 354/2022, do SENATRAN, apresenta a tabela de distribuição de competências dos órgãos executivos de trânsito no âmbito estadual e municipal.

A tabela indica o responsável pela fiscalização de trânsito, aplicação das medidas administrativas, penalidades cabíveis e arrecadação das multas aplicadas.

Deve-se verificar no auto o código e a descrição exata da infração supostamente cometida, bem como a indicação do dispositivo legal alegadamente infringido.

A inexatidão, bem como o erro quanto à competência, dá azo à insubsistência do auto de infração, com consequente declaração de nulidade por vício formal, nos termos do art. 281, parágrafo único, I, do CTB.

APELAÇÃO CÍVEL – AÇÃO DE ANULAÇÃO DE ATO ADMINISTRATIVO – DETRO – MULTA DE TRÂNSITO, POR TRANSPORTE IRREGULAR REMUNERADO DE PASSAGEIRO – SENTENÇA DE PROCEDÊNCIA PARCIAL – ATO ADMINISTRATIVO ANULADO E PEDIDO DE DANO MORAL JULGADO IMPROCEDENTE – APELO DO DETRO – OBRIGAÇÃO DE OBSERVÂNCIA DA ESTRITA LEGALIDADE PELA ADMINISTRAÇÃO PÚBLICA – ATO ADMINISTRATIVO COM VÍCIO FORMAL.

Notificação, a qual não contem os dados referentes à infração e à legislação aplicada – art. 7º da Resolução CONTRAN n. 390/11. Violação ao princípio da ampla defesa e do contraditório. Descrição da infração, a qual não contém elementos aptos a atestar a conduta irregular do condutor.

Segundo a descrição, o "veículo abordou passageiros no ponto da praça, e 3 passageiros embarcaram no veículo. Motorista reconheceu a viatura da fiscalização e não parou a solicitação. Condutor evadiu-se".

Veículo objeto da infração, que sendo um "gol", carro de passeio e de pequeno porte, não indica a prática de transporte remunerado de passageiros. Agente de trânsito afirma que não chegou a abordar nem o condutor, nem os passageiros. Atestada a precipitação do agente ao imputar a conduta, ante a ausência de elementos fáticos para embasar a conclusão.

Comprovação por parte do autor de que o mesmo possui vínculo empregatício forma com empresa empreiteira e que exerce a função de pedreiro. Atestou, ainda, que as pessoas que adentraram em seu veículo na ocasião era seu irmão e colegas de trabalho e que o transporte dos mesmos foi gratuito sob a forma de "carona".

Sentença que se mantém ante a nulidade do ato administrativo. Nega-se provimento ao recurso (Processo: 0006038-62.2017.8.19.0055 - TJRJ; Relator: Des. MARCELO LIMA BUHATEM).

Note-se que no exemplo acima, segundo entendimento do juízo, houve uma falsa percepção do agente da autoridade de trânsito em relação ao cometimento da infração. A fundamentação baseia-se na ausência de elementos para a caracterização da infração de trânsito. Ademais, a descrição da infração mostrou-se insuficiente, o que ocasionou cerceamento de defesa.

É necessário que a conduta seja individualizada, com o fim de permitir a ampla defesa e o contraditório. Veja que nesse caso é irrelevante o cometimento ou não da infração. O erro formal quanto ao correto preenchimento do auto de infração acarretará, inevitavelmente, sua nulidade.

Importante observar que o arrependimento tardio não é capaz de elidir o reconhecimento da infração.

Como exemplo, imagine que o condutor estacione o veículo em local indevido. Sai do automóvel. Caminha por aproximadamente 20 metros e percebe a presença dos agentes fiscalizadores. Volta e retira o automóvel. A atitude do condutor não fará com que o agente deixe de lavrar[55] o auto de infração, tendo em vista que a autuação é ato vinculado, conforme estudaremos mais à frente.

A Resolução 482/2014, do CONTAN, estabelece que é do município a competência para autuar nas vias de acesso a aeroportos (integrantes das áreas que compõem os sítios aeroportuários), ressalvada a competência das estradas e rodovias sob a jurisdição Estadual ou Federal e respectivas faixas de domínio, nas quais existam acessos aeroportuários.

Por fim, estão previstas na Resolução 289/2008, do CONTRAN, quais infrações podem ser autuadas pelo Departamento Nacional de Infraestrutura de Transportes (DNIT) e o Departamento de Polícia

---

[55] Lavrar= Proceder à feitura de documento escrito (*in* Dicionário Priberam da Língua Portuguesa. https://dicionario.priberam.org/lavrar [consultado em 04-12-2021].

Rodoviária Federal (DPRF) na fiscalização do trânsito nas rodovias federais.

Em geral, a competência se resume a casos de excesso de peso e velocidade nas rodovias federais.

> Resolução 289, CONTRAN. Considerando o disposto no inciso XIV do artigo 12 do CTB, resolve:
>
> Art. 1° Compete ao Departamento Nacional de Infraestrutura de Transportes - **DNIT**, Órgão Executivo Rodoviário da União, no âmbito de sua circunscrição:
>
> I. exercer a fiscalização do **excesso de peso dos veículos nas rodovias federais**, aplicando aos infratores as penalidades previstas no Código de Trânsito Brasileiro – CTB, respeitadas as competências outorgadas à Agência Nacional de Transportes Terrestres - ANTT pelos arts. 24, inciso XVII, e 82, § 1º, da Lei nº 10.233, de 5 de junho de 2001, com a redação dada pela Lei nº 10.561, de 13 de novembro de 2002; e
>
> II. exercer a **fiscalização eletrônica de velocidade nas rodovias federais**, utilizando instrumento ou redutor eletrônico de velocidade tipo fixo, assim como a engenharia de tráfego para implantação de novos pontos de redução de velocidade.
>
> Art. 2º Compete ao Departamento de Polícia Rodoviária Federal - **DPRF**:
>
> I. exercer a fiscalização por **excesso de peso nas rodovias federais**, isoladamente, ou a título de apoio operacional ao DNIT, aplicando aos infratores as penalidades previstas no CTB; e
>
> II. exercer a **fiscalização eletrônica de velocidade nas rodovias federais** com a utilização de instrumento ou medidor de velocidade do tipo portátil, móvel, estático e fixo, exceto redutor de velocidade, aplicando aos infratores

as penalidades previstas no Código de Trânsito Brasileiro – CTB.

Parágrafo único. Para a instalação de equipamento do tipo fixo de controle de velocidade, o DPRF solicitará ao DNIT a autorização para intervenção física na via.

Havendo **conflito em relação à circunscrição e à competência**, importante observar o órgão que tem a incumbência de resolver a questão:

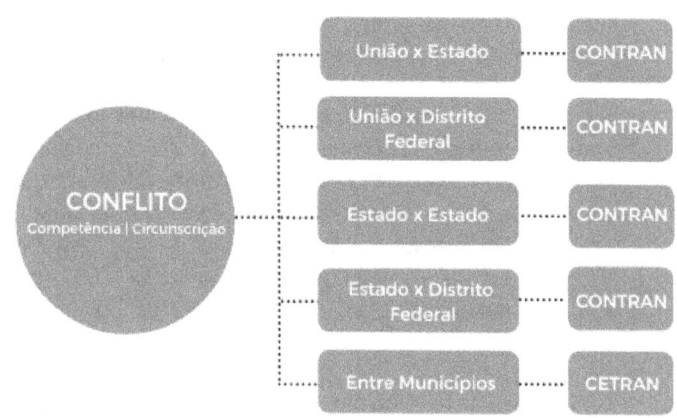

CAPÍTULO 6. PROCESSO ADMINISTRATIVO PUNITIVO PARA APLICAÇÃO DE MULTA POR INFRAÇÃO DE TRÂNSITO

6.1. INTRODUÇÃO

Tratando-se de processo administrativo de trânsito, temos como base fundamental para o nosso estudo as regras estabelecidas nos arts. 280 a 290 do Código de Trânsito Brasileiro, que foram em parte alterados pelas leis n. 14.071/20 e 14.229/2021.

Os dispositivos acima elencados serão analisados em conjunto com as Resoluções do CONTRAN, em especial a de número 918/2022[56], que regulamenta a matéria. Sempre que entendermos necessário, citaremos as demais normas pertinentes ao assunto.

Estudar o processo administrativo punitivo de trânsito, assim como a compreensão de todo o Direito de Trânsito é tarefa extenuante, dada a constante modificação das leis, das Resoluções e demais instrumentos normativos que regem a matéria. Além do mais, há uma enorme quantidade de legislação a ser consultada, aprendida e aplicada.

Desta forma, pretendemos sistematizar o processo, indicando as principais normas e respectivos

---

[56] A Resolução 918/2022 entrou em vigor no dia 1º de abril de 2022, tendo revogado as seguintes Resoluções: 156/2004; 424/2012; 442/2013; 574/2015; 619/2016; 697/2017; 736/2018 e 845/2021.

dispositivos necessários para a correta e proveitosa utilização do processo administrativo.

6.2. DO AUTO DE INFRAÇÃO DE TRÂNSITO (AIT)

O processo administrativo de trânsito inicia-se com a lavratura do **Auto de Infração de Trânsito** (AIT), documento que representa a formalização da autuação. É a peça informativa que subsidia a autoridade na aplicação de determinada penalidade. Tem como objetivo a individualização da responsabilidade pela prática de infração de trânsito, bem como a imposição da multa correspondente e das penalidades administrativas.

> MBFT[57]. Resolução 925/2022, item 7. O AIT é peça informativa que subsidia a Autoridade de Trânsito na aplicação das penalidades e sua consistência está na perfeita caracterização da infração, devendo ser preenchido de acordo com as disposições contidas no artigo 280 do CTB e demais normas regulamentares, com registro dos fatos que fundamentaram sua lavratura.

---

[57] MBFT= Manual Brasileiro de Fiscalização de Trânsito. A resolução 925/2022 revogou a Resolução 371/10, que previa o conceito de AIT e de autuação. Atualmente a definição se encontra no MBFT, tanto no volume I quanto no volume II. Em ambos no item 7.

MBFT. Resolução 925/2022, item 7. Autuação é o ato administrativo da autoridade de trânsito ou seus agentes quando da constatação do cometimento de infração de trânsito, devendo ser formalizado por meio do AIT.

Saliente-se que a autuação é ato vinculado. Uma vez presentes os requisitos da norma aplicável ao caso concreto, o agente deve autuar, não havendo discricionariedade sobre sua aplicação ou não.

Trata-se de obrigação legal. A vinculação está prevista no art. 280, do CTB quando determina que, ocorrida a infração, lavrar-se-á auto de infração. Veja-se que do texto não há como extrair quaisquer opções que não seja a lavratura do auto.

MULTA x AUTUAÇÃO

É comum, quando se trata de situações vinculadas ao procedimento administrativo de transito, a confusão entre multar e autuar. É preciso, neste ponto, que façamos a devida distinção.

Conforme definição já apresentada, autuar é o ato de verificar o cometimento da infração de trânsito e, consequentemente, proceder, de forma obrigatória, à lavratura do auto de infração de trânsito.

Por outro lado, multar é sinônimo de aplicação de penalidade no bojo do processo administrativo.

O agente da autoridade de trânsito, atuando na fiscalização, não aplica multa. Apenas autua. A aplicação da multa é ato privativo da autoridade de trânsito com circunscrição sobre a via, após regular processo administrativo em que seja assegurado o contraditório efetivo e a ampla defesa.

6.2.1. Requisitos do Auto de Infração de Trânsito

Como insistentemente mencionamos, existem requisitos mínimos que devem estar presentes do AIT, sob pena de inconsistência, declaração de nulidade e arquivamento. São elementos do auto de infração[58]:

a) Código do órgão autuador

Campo numérico com 6 caracteres, de Preenchimento obrigatório ou pré-impresso - conforme tabela do ANEXO V, da Portaria 354/2022.

b) Identificação do auto de infração.

Utilizado para identificação exclusiva de cada autuação. Obrigatoriamente pré-impresso. Campo alfanumérico com 10 caracteres.

---

[58] Requisitos extraídos do art. 280, bem como da Portaria SENATRAN 354/2022.

c) Os caracteres da placa de identificação do veículo, sua marca e espécie, e outros elementos julgados necessários à sua identificação.

> É obrigatório o preenchimento da placa (campo alfanumérico com 10 caracteres), marca (campo alfanumérico com 25 caracteres) e espécie (campo alfanumérico com 13 caracteres) do veículo.
> Para veículos estrangeiros, obrigatório o preenchimento do país de origem (campo numérico com 2 caracteres).
> Verifique o anexo VI da Portaria 354/2022 – SENATRAN.

d) A identificação do condutor.

> Nome, registro da CNH ou da permissão para dirigir e UF são obrigatórios quando identificado o condutor. O CPF não é obrigatório.
>
> Todos os campos são facultativos para infrações registradas por sistemas automáticos metrológicos e não metrológicos.

e) O prontuário do condutor, sempre que possível.

> Art. 280, CTB. Ocorrendo infração prevista na legislação de trânsito, lavrar-se-á auto de infração, do qual constará:
>
> IV. O prontuário do condutor, sempre que possível.

f) A assinatura do infrator, sempre que possível, valendo esta como notificação do cometimento da infração.

Art. 280. Ocorrendo infração prevista na legislação de trânsito, lavrar-se-á auto de infração, do qual constará:

VI. Assinatura do infrator, sempre que possível, valendo esta como notificação do cometimento da infração.

Em relação à aceitação da assinatura do condutor como notificação da autuação, detalharemos as situações em que aplicável esta regra no momento oportuno. Por ora, destaca-se que a assinatura além de não ser obrigatória, uma vez aposta, não presume culpa.

g) O local, data e hora do cometimento da infração.

É obrigatório o preenchimento do local da infração, data, hora, UF e município.

Exceção: não é obrigatório o preenchimento do nome do município quando a constatação da infração ocorrer em estradas e rodovias.

Em qualquer situação, o preenchimento do código do município não é obrigatório.

Quanto ao local da infração, deve-se registrar o local onde foi constatada a infração (nome do logradouro ou da via, número ou marco quilométrico ou, ainda, anotações que indiquem pontos de referência).

No campo código do município, utiliza-se a tabela de órgãos e municípios (TOM), administrada pela Receita Federal – MF.

h) A tipificação da infração, a identificação do órgão ou entidade e da autoridade ou agente autuador ou equipamento que comprovar a infração.

É obrigatória a identificação do código da infração (4 caracteres), bem como seus desdobramentos (1 caracter), de acordo com anexo IV, da Portaria 354/2022.

Também se faz necessária a descrição da infração, que deve clara e precisa.

O código do órgão autuador é de preenchimento obrigatório ou pré-impresso. Para verificar a correção do código do órgão autuador, consulte o anexo V, da Portaria 354/2022.

Se for aplicável ao caso, deve-se preencher os seguintes dados:

i. do equipamento/instrumento de aferição (registrar o equipamento ou instrumento de medição utilizado, indicando o número, o modelo e a marca).

ii. a medição realizada (velocidade, carga, alcoolemia, emissão de poluentes etc).

iii. o limite regulamentado (registrar o limite permitido).

iv. o valor considerado (registrar o valor considerado para autuação).

Obrigatório o preenchimento do número de identificação (registro, matrícula) e assinatura da autoridade ou do agente da autoridade de trânsito. Por óbvio, o preenchimento não é obrigatório para infrações registradas por sistemas automáticos metrológicos e não metrológicos.

i) Identificação do embarcador ou expedidor.

Nome. Preenchimento obrigatório para infrações de excesso de peso nos casos previstos no art. 257 do CTB ou infrações relacionadas ao transporte de produtos perigosos.

CPF ou CNPJ. Preenchimento obrigatório para infrações de excesso de peso nos casos previstos no art. 257 do CTB ou infrações relacionadas ao transporte de produtos perigosos.

j) Identificação do transportador.

Nome. Preenchimento obrigatório para infrações de excesso de peso nos casos previstos no art. 257 do CTB ou infrações relacionadas ao transporte de produtos perigosos.

CPF ou CNPJ. Preenchimento obrigatório para infrações de excesso de peso nos casos previstos no art. 257 do CTB ou infrações relacionadas ao transporte de produtos perigosos.

k) Campo observações

Campo destinado ao registro de informações complementares relacionadas à infração. **Obrigatório quando previsto no MBFT.**

Compete ao órgão máximo executivo da União (atualmente, SENATRAN) estabelecer os campos mínimos que devem estar presentes no Auto de Infração. Tal atribuição foi delegada pelo CONTRAN através da Resolução 217.

Conforme mencionado, os referidos campos de preenchimento estão dispostos na Portaria SENATRAN 354/2022.

EM RESUMO, O AIT DEVE INDICAR:

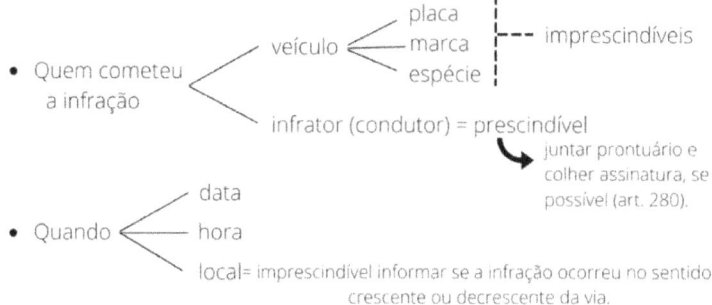

- Infração = tipificação da infração
  ↳ Artigo de lei infringido
  (subsunção do fato à norma).

- Identificação do órgão autuador

- Identificação e assinatura da autoridade ou agente da autoridade de trânsito

- Identificação do equipamento que comprovar a infração, se aplicável

6.3. FORMAS DE CONSTATAÇÃO DA INFRAÇÃO DE TRÂNSITO

Podemos identificar algumas formas de constatação do cometimento da infração de trânsito, a saber[59]:

---

[59] Art. 280, §2º. A infração deverá ser comprovada por declaração da autoridade ou do agente da autoridade de trânsito, por aparelho eletrônico ou por equipamento audiovisual, reações químicas ou qualquer outro meio tecnologicamente disponível, previamente

a) **Declaração da autoridade de trânsito.**

Aqui, a prova é a própria declaração da autoridade, que possui fé pública. É decorrência do princípio da veracidade e legitimidade do ato administrativo. A presunção é relativa, logo, admite prova em contrário.

b) **Declaração do agente da autoridade de trânsito.**

Valem as mesmas observações tecidas no item anterior.

c) **Aparelho eletrônico.**

Como exemplo, podemos mencionar o medidor de velocidade.

d) **Equipamento audiovisual.**

Cita-se como exemplo a possibilidade de utilização do aparelho celular a fim de demonstrar o cometimento da infração.

e) **Verificação das reações químicas.**

Aqui se enquadra o aparelho etilômetro.

f) **Qualquer outro meio tecnológico em direito admitido.**

Art. 277. O condutor de veículo automotor envolvido em acidente de trânsito ou que for alvo de fiscalização de trânsito poderá ser submetido a teste, exame clínico, perícia ou outro procedimento que, por meios técnicos ou científicos, na forma disciplinada pelo Contran, permita

---

regulamentado pelo CONTRAN.

certificar influência de álcool ou outra substância psicoativa que determine dependência.

Importa salientar que a abordagem não é obrigatória para constatação de todas as infrações. Para verificar em quais infrações a abordagem é imprescindível, necessário consultar o Manual Brasileiro de Fiscalização de Trânsito, Volumes I e II – Resolução 925/2022.

Também através dos Manuais são verificados os requisitos específicos de cada infração.

SOBRE AS INFRAÇÕES DE TRÂNSITO

Em que pese o objetivo do presente trabalho não seja esmiuçar sobre as infrações de trânsito em espécie, traremos algumas informações importantes para melhor compreensão da matéria.

O conceito de infração de trânsito está previsto no art. 161 do Código de Trânsito e caracteriza-se pelo desrespeito ao próprio CTB, à legislação complementar e às resoluções do CONTRAN.

Art. 161. Constitui infração de trânsito a inobservância de qualquer preceito deste Código ou da legislação complementar, e o infrator sujeita-se às penalidades e às medidas administrativas indicadas em cada artigo deste Capítulo e às punições previstas no Capítulo XIX deste Código.

Imperioso salientar que, apesar de o conceito de infração de trânsito ser amplo, as penalidades e sanções administrativas somente podem ser impostas se previstas em Lei. Preservam-se, assim, os princípios da legalidade e da reserva legal (respectivamente art. 5º, incisos II e XXXIX, CF).

No mesmo sentido, e com base nos mesmos princípios, a criação do tipo legal (da infração em si), somente é possível por intermédio da Lei. Os demais instrumentos infralegais, como resoluções, têm função de regulamentar o conteúdo da Lei.

Como exemplo, cita-se, dentre outras, a Resolução 940/2022, que disciplina o uso de capacete, regulamentando os arts. 54 e 55, do CTB.

As infrações em espécie encontram-se entre os artigos 162 e 255 do Código de Trânsito Brasileiro.

NUNCA ESQUEÇA: Normas infralegais NÃO podem criar infrações de trânsito.

6.4. COMPETÊNCIA PARA LAVRAR O AUTO DE INFRAÇÃO DE TRÂNSITO[60]

O auto de infração de trânsito deve ser lavrado pelo agente da autoridade de trânsito. O agente deve

---

[60] Importante a leitura completa da Resolução 925/2022 (Manual Brasileiro de Fiscalização de Trânsito – Volumes I e II).

ser servidor civil, estatutário ou celetista. Faculta-se, ainda, a lavratura por policial militar, mediante convênio, que tenha recebido designação da autoridade de trânsito com circunscrição sobre a via.

Ressalte-se que **o agente da autoridade de trânsito precisa estar uniformizado, ser credenciado e estar no regular exercício da função**.

> Art. 280, §3º, CTB. § 3º Não sendo possível a autuação em flagrante, o agente de trânsito relatará o fato à autoridade no próprio auto de infração, informando os dados a respeito do veículo, além dos constantes nos incisos I, II e III, para o procedimento previsto no artigo seguinte[61].
>
> §4º. O agente da autoridade de trânsito competente para lavrar o auto de infração poderá ser servidor civil, estatutário ou celetista ou, ainda, policial militar designado pela autoridade de trânsito com jurisdição sobre a via no âmbito de sua competência.

O **veículo** utilizado também **deve estar caracterizado**.

Recorde-se que, constatada a infração, o agente **deverá** lavrar o respectivo auto de infração, não havendo discricionariedade. Deverá, ainda, aplicar as medidas administrativas cabíveis.

---

[61] Lembre-se de que há infrações em que a abordagem é obrigatória.

MBFT. Resolução 925/2022, item 8. Medidas administrativas são providências de caráter complementar, exigidas para a regularização de situações infracionais, sendo, em grande parte, de aplicação momentânea, e têm como objetivo prioritário impedir a continuidade da prática infracional, garantindo a proteção à vida e à incolumidade física das pessoas, e não se confundem com penalidades.

Compete à autoridade de trânsito com circunscrição sobre a via e seus agentes aplicar as medidas administrativas, considerando a necessidade de segurança e fluidez do trânsito.

A impossibilidade de aplicação de medida administrativa prevista para infração não invalidará a autuação pela infração de trânsito, nem a imposição das penalidades previstas.

MEDIDAS ADMINISTRATIVAS EM ESPÉCIE (MBFT, item "8")

Retenção do veículo

É a imobilização do veículo a fim de que sejam sanadas irregularidades, como na situação em que o condutor apresenta CNH vencida, caso em que deve acionar condutor com habilitação regular para retirar o veículo.

A medida deve estar prevista para a infração.

Caso não seja possível sanar a irregularidade no local (um farol quebrado, por exemplo), o veículo poderá ser retirado por condutor habilitado, se constatado que não haverá risco à segurança no trânsito. Deve-se recolher o Certificado de Licenciamento Anual (CLA/CRLV), com fixação de prazo para regularização.

Se o condutor indicar que não irá regularizar a situação ou quando presente risco ao trânsito, a retenção poderá ser transferida para local mais adequado ou remetido para o depósito.

Não existindo apresentação de condutor habilitado, o veículo será recolhido ao depósito.

Regularizada a situação e realizada a vistoria, o CLA/CRLV será devolvido.

A não regularização ensejará a remessa do documento para o órgão ou entidade de trânsito de registro do veículo.

No caso de transportes coletivos conduzindo passageiros ou quando houver transporte de produtos perigosos ou perecíveis, a retenção pode deixar de ser aplicada imediatamente, se não for constatado perigo à segurança viária.

Remoção do veículo

É quando o veículo é enviado para o depósito. Visa garantir condições de segurança, fluidez da via, garantir a ordem administrativa ou atingimento de outras metas fixadas pela legislação vigente.

Não se confunde com a penalidade de apreensão, que foi abolida pela modificação do CTB quando da entrada em vigor da lei 13.281/16, que revogou o inciso IV, do art. 256.

A remoção não será efetuada se, antes de iniciada, o condutor, regularmente habilitado, sanar a irregularidade no local. Também não será realizada a remoção quando a operação for ainda mais prejudicial à fluidez ou segurança da via. Somente é permitida a não remoção em casos excepcionais e desde que o veículo esteja licenciado e em condições de segurança de circulação.

Para restituição do veículo é necessário o pagamento das multas, taxas e despesas com remoção e estada, bem como outros encargos previstos na legislação especifica.

Recolhimento do documento de habilitação

Tem como finalidade impedir a condução de veículos enquanto não corrigida a irregularidade.

Será recolhida mediante recibo, sendo uma via entregue ao condutor (o recibo não autoriza a condução do veículo). O documento, inicialmente, ficará sob a custódia do órgão ou entidade autuador. Caso não comprovado que a irregularidade foi sanada em 5 dias, a contar do cometimento da infração, a habilitação será enviada para o órgão executivo de trânsito responsável pelo registro.

Quando sanada a irregularidade, o documento será devolvido sem quaisquer outras exigências.

Recolhimento do Certificado de Licenciamento Anual

Tem como meta garantir que o proprietário efetue a regularização da infração constatada. O recolhimento deve se dar mediante recibo, com entrega de uma das vias ao condutor.

Aplica-se quando não sanada a irregularidade, nas hipóteses em que prevista a medida administrativa de retenção do veículo.

Existindo fundada suspeita quanto à inautenticidade ou adulteração do documento, deverão ser adotadas as medidas de polícia judiciária.

Com o recolhimento, a Autoridade de Trânsito do órgão autuador deve adotar medidas destinadas ao registro do fato no RENAVAM.

Veda-se a lavratura do AIT por solicitação/informação de terceiros. Como exceção, tem-se o caso em que o órgão ou entidade de trânsito esteja realizando operação de fiscalização de normas de circulação e conduta e determinado agente de trânsito, em serviço, que se encontra em local diverso daquele em que realizada a fiscalização, constate a infração e informe ao agente que esteja na abordagem.

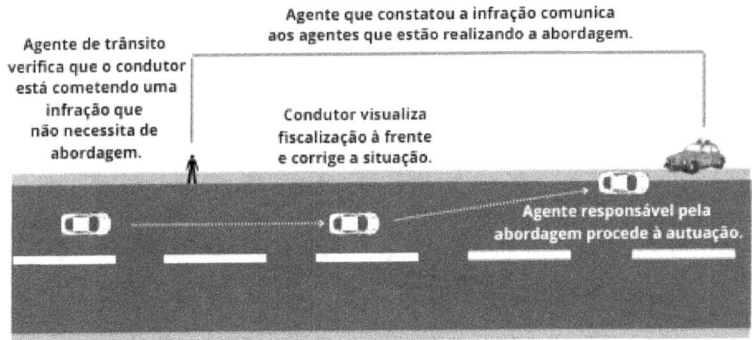

Neste caso, o agente que constatou a infração deverá convalidar a autuação no próprio auto de infração ou na planilha da operação (comando), a qual deverá ser arquivada para controle e consulta.

Significa que o agente não pode lavrar o auto por informações de transeuntes ou condutores de outros veículos (terceiros), por exemplo. A infração deve ser presenciada pelo agente.

Pode ocorrer, todavia, de um agente visualizar a infração e em momento posterior ocorrer a abordagem por outro agente (imagine que a infração foi cometida e alguns quilômetros para frente há a abordagem). É neste caso que se aplica a exceção acima exposta.

Registre-se que, contrariando a regra geral, há autorização da Polícia Rodoviária Federal para que seus agentes procedam à autuação quando estiverem se dirigindo para o plantão.

Teoricamente, como regra, o agente só poderá registrar uma infração por auto de infração. Na hipótese de infrações em que os códigos infracionais possuam a mesma raiz (os três primeiros dígitos), considerar-se-á apenas uma infração.

Exemplo: veículo sem equipamento obrigatório e com equipamento obrigatório ineficiente/inoperante, utilizar o código 663-71 e descrever no campo 'Observações' a situação constatada (ex: sem o estepe e com o extintor de incêndio vazio).

Na prática, a regra de um AIT por infração não é respeitada, o que entendemos ser motivo de nulidade.

As infrações podem ser **concorrentes** ou **concomitantes**:

São **concorrentes** aquelas em que o **cometimento de uma infração tem como pressuposto o cometimento de outra.**

Exemplo: veículo sem as placas (art. 230, IV), por falta de registro (art. 230, V).

Nesses casos, o agente deverá **lavrar um único AIT**, com base no art. 230, V.

São **concomitantes** aquelas em que o **cometimento de uma infração não implica o cometimento de outra**, na forma do art. 266 do CTB.

Por exemplo: dirigir veículo com a CNH vencida há mais de trinta dias (art. 162, V) e de categoria diferente para a qual é habilitado (art. 162, III).

Nesses casos, o agente deverá **lavrar os dois AIT's**.

O AIT não poderá conter rasura, emenda, uso de corretivo, ou qualquer tipo de adulteração. O seu preenchimento se dará com letra legível, preferencialmente, com caneta esferográfica de tinta azul.

DETRAN. SUSPENSÃO DO DIREITO DE DIRIGIR. NULIDADE DO AUTO DE INFRAÇÃO. IRREGULARIDADE DO PROCEDIMENTO DE AUTUAÇÃO. RECUSA DO CONDUTOR EM SUBMETER-SE AO TESTE DO BAFÔMETRO. **AUTO DE INFRAÇÃO ILEGÍVEL.** Em que pese a negativa do autor em submeter-se ao teste do bafômetro, esse não é o único método hábil para atestar o estado de embriaguez. Porém, nesses casos, a

Administração deve tomar especial cuidado na autuação, sob pena de infringir garantias e princípios constitucionais e ocasionando, inevitavelmente, a nulidade do ato administrativo. **O auto de infração não está devidamente preenchido, mas está ilegível, não sendo possível identificar quem são as testemunhas que presenciaram o fato.** **Dessa forma, em que pese a presunção de veracidade dos atos administrativos perpetrados pelos agentes públicos, não é aceitável que pairem dúvidas acerca da legitimidade da prova testemunhal, nem que ela parta, justamente, dos responsáveis pela autuação.** Assim, frente à irregularidade do procedimento de autuação, **merece ser reformada a sentença, com a anulação do auto de infração e dos efeitos dele decorrentes,** incluindo a devolução do valor pago a título de multa. RECURSO PROVIDO. UNÂNIME (Recurso Cível, Nº 71005620257/RS, Segunda Turma Recursal da Fazenda Pública, Turmas Recursais, Relator: Mauro Caum Gonçalves, Julgado em: 29-06-2016).

O AIT deverá ser impresso em, no mínimo, duas vias, exceto o registrado em equipamento eletrônico. Uma via do AIT será utilizada pelo órgão ou entidade de trânsito para os procedimentos administrativos de aplicação das penalidades previstas no CTB. A outra via deverá ser entregue ao condutor, ainda que este se recuse a assiná-lo, quando se tratar de autuação com abordagem.

6.5. JULGAMENTO DA CONSISTÊNCIA DO AUTO DE INFRAÇÃO

Lavrado o AIT, o documento é remetido para a autoridade de trânsito, único responsável por analisar se foram preenchidos todos os requisitos legais no momento do preenchimento. Assim, a autoridade de transito é competente para julgar a consistência do auto de infração.

Uma vez que não esteja presente algum dos elementos essenciais, declara-se a inconsistência, que tem como consequência o reconhecimento da nulidade e posterior arquivamento do feito de ofício[62].

Atendidos os requisitos, reconhece-se a consistência do AIT e expede-se a notificação de autuação.

> Art. 281. A autoridade de trânsito, na esfera da competência estabelecida neste Código e dentro de sua circunscrição, julgará a consistência do auto de infração e aplicará a penalidade cabível.
>
> Parágrafo único. O auto de infração será arquivado e seu registro julgado insubsistente:
>
> I. se considerado inconsistente ou irregular.

---

[62] De ofício ou *ex officio* significa que a autoridade determina o arquivamento sem que seja provocado pelo interessado. O faz por determinação legal ou em razão do cargo/função que exerce.

A consistência do auto de infração é verificada pela perfeita compatibilidade entre o fato e a norma. É a subsunção da conduta verificada ao disposto na lei.

Etapas para verificação da consistência do AIT:

i. Requisitos do art. 280 do CTB;

ii. Análise da portaria 354/2022, SENATRAN;

iii. Requisitos do Manual Brasileiro de Infrações de Trânsito – Resolução do CONTRAN 925/2022, Volumes I e II.

6.6. NOTIFICAÇÃO DA AUTUAÇÃO (NA)

> Resolução 918/2022. Art. 2º. Para os fins previstos nesta Resolução, entende-se por:
>
> II. notificação de autuação: procedimento que dá ciência ao **proprietário do veículo** de que foi cometida uma infração de trânsito com seu veículo.

Também conhecida como notificação de infração de trânsito (NIT), a notificação da autuação tem como finalidades:

(i) dar **ciência ao proprietário** do veículo de que houve a lavratura do auto de infração. Como se observa, por óbvio, tal medida tem relevante importância quando o condutor que cometeu a infração não é o proprietário do veículo;

(ii) possibilitar o início da contagem do prazo para que seja apresentada a defesa prévia/defesa da autuação, em regra, primeira manifestação do suposto infrator nos autos do processo administrativo;

(iii) por fim, destina-se a possibilitar prazo para que o proprietário indique o real infrator, quando a infração tenha como responsável o condutor e este é diferente do proprietário. Aplica-se quando o infrator-condutor não for identificado no momento da abordagem ou quando a legislação permita a lavratura do AIT sem que haja abordagem.

RESPONSABILIDADE PELA INFRAÇÃO (Resolução 925/2022. MBFT, item "6")

As penalidades serão impostas ao **condutor** ou ao **proprietário** do veículo, **salvo** os casos de descumprimento de obrigações e deveres impostos a **pessoas físicas ou jurídicas** expressamente mencionadas no CTB.

Proprietário

Ao proprietário caberá sempre a responsabilidade pela infração referente à prévia regularização e preenchimento das formalidades e condições exigidas para o trânsito do veículo na via terrestre, conservação e inalterabilidade de suas características, componentes, agregados, habilitação legal e compatível de seus condutores, quando esta for exigida, e outras disposições que deva observar.

Condutor

Ao condutor caberá a responsabilidade pelas infrações decorrentes de atos praticados na direção do veículo.

Pessoa Física ou Jurídica expressamente mencionada no CTB

A pessoa física ou jurídica é responsável por infração de trânsito, **não vinculada a veículo ou à sua condução**, expressamente mencionada no CTB.

Uma vez verificada a regularidade e a consistência do AIT, a **autoridade de trânsito** deve **expedir**, no prazo máximo de 30 dias, **a contar do cometimento da infração**, a notificação de autuação, que será **encaminhada ao proprietário do veículo**, devendo obedecer aos requisitos do art. 280, do CTB (Resolução CONTRAN 918/2022, art. 4º).

> Resolução 918, art. 4º. Com exceção do disposto no § 5º do art. 3º, após a verificação da regularidade e da consistência do AIT, o órgão autuador expedirá, no prazo máximo de 30 (trinta) dias contados da data do cometimento da infração, a

NA dirigida ao proprietário do veículo, na qual deverão constar os dados mínimos definidos no art. 280 do CTB.

Resolução 918, art. 3º, §5º. O AIT valerá como NA quando for assinado pelo condutor e este for o proprietário do veículo ou o principal condutor previamente identificado, desde que conste a data do término do prazo para a apresentação da defesa da autuação, nos termos do art. 281-A do CTB.

Art. 281-A, CTB. Na notificação de autuação e no auto de infração, quando valer como notificação de autuação, deverá constar o prazo para apresentação de defesa prévia, que não será inferior a 30 (trinta) dias, contado da data de expedição da notificação.

A não observância do prazo acima mencionado para expedição da notificação da autuação ocasiona a insubsistência do AIT, devendo haver arquivamento (art. 281, parágrafo único, II, CTB c/c Resolução 918/2022, art. 4º, §1º).

Art. 281. A autoridade de trânsito, na esfera da competência estabelecida neste Código e dentro de sua circunscrição, julgará a consistência do auto de infração e aplicará a penalidade cabível.

Parágrafo único. O auto de infração será arquivado e seu registro julgado insubsistente:

II. se, no prazo máximo de trinta dias, não for expedida a notificação da autuação.

Resolução 918/2022, art. 4º, §1º. A não expedição da NA no prazo previsto no caput ensejará o arquivamento do AIT.

MODELO | AUSÊNCIA DE COMPROVAÇÃO DA DATA DE EXPEDIÇÃO DA NOTIFICAÇÃO

Preliminarmente: Da necessária comprovação da expedição tempestiva da notificação da autuação

No dia xx.xx.xxx, o requerente recebeu em sua residência a notificação de autuação referente a suposta infração cometida no dia xx.xx.xxxx, à Rua ..., às 00:00h.

A autuação teria sido lavrada em decorrência da prática da infração insculpida no art. xxx, do CTB, código xx.

Todavia, conforme determina o art. 281, parágrafo único, II, do CTB, a autoridade de trânsito possui o prazo decadencial de 30 dias para expedição da notificação da autuação.

Analisando os documentos dos autos não há como ter-se a certeza quanto a expedição tempestiva da notificação da autuação. É sabido, ainda, que impossível ao requerente produzir prova negativa, ou seja, demonstrar que a expedição não foi efetivamente expedida ou se ocorreu a destempo.

Desta feita, pleiteia a suspensão do feito, bem como que seja juntado aos autos comprovante em que conste a data de expedição da notificação da autuação.

Certificado que a notificação não foi expedida ou o foi a destempo, requer o reconhecimento da insubsistência do auto de infração, com posterior arquivamento, nos termos do art. 281, parágrafo único, II, CTB;

Não entendendo que deva ser aplicada a medida acima mencionada de forma imediata, pugna pela abertura de prazo para manifestação do requerente.

* Não se esqueça de reproduzir o requerimento na conclusão, ao final;

* Ainda que tenha sido suscitada preliminar, é importante que o requerente apresente concomitantemente a defesa de mérito, sob pena de preclusão. Abordaremos melhor o tema quando tratarmos da defesa prévia.

* Na prática, pode ocorrer (e efetivamente acontece) de ser expedida somente a notificação da penalidade ou de serem expedidas as duas notificações (autuação e penalidade) ao mesmo tempo, o que contraria a lei e gera nulidade (Enunciado de Súmula 312, do STJ). Seria objeto de outra preliminar

* Se a manifestação for direcionada a órgão diverso daquele responsável pela expedição da notificação (exemplo, o requerimento é direcionado à JARI, mas a competência para expedir a notificação é do DETRAN), o procedimento adequado é a solicitação de ofício ao órgão responsável (no caso, JARI envia ofício DETRAN), com base na Lei 9.784/99, art. 37 c/c Resolução 900/2022, CONTRAN, art. 10. Alternativamente, o requerente pode juntar protocolo comprovando que houve requerimento no órgão competente e requerer a suspensão do feito até que o documento seja disponibilizado.

Torna-se **desnecessária** a expedição da **notificação da autuação** quando o auto de infração for assinado pelo condutor **e** este for o proprietário do veículo **ou** o principal condutor anteriormente identificado.

Para tanto, imprescindível que conste no AIT a data do término do prazo para apresentação da defesa prévia. Neste caso, o auto de infração equivale à notificação da autuação (Resolução 918/2022, art. 3º, §5).

A notificação da autuação pode ser expedida pela via postal (Correios) ou por meio eletrônico[63].

Em se tratando de remessa postal, considera-se **expedida** a notificação quando há a entrega à empresa responsável por seu envio, no caso, os Correios.

> Resolução 918/2022, art. 30. A expedição das notificações de que trata esta Resolução se caracterizará:
>
> I. pela entrega da notificação pelo órgão autuador à empresa responsável por seu envio, quando utilizada a remessa postal.

Não sendo possível a localização do infrator ou proprietário, confere-se ao órgão de trânsito o direito de proceder à notificação por edital.

Para que a notificação ocorra por edital, importante que sejam esgotadas as tentativas de notificação por meio postal e pessoal[64]. Ou seja, não

---

[63] Recomenda-se a leitura integral da Resolução CONTRAN 931/2022, que trata da notificação por meio eletrônico.
[64] Resolução 918/2022, art. 14. Esgotadas as tentativas para notificar o infrator ou o proprietário do veículo por meio postal ou pessoal, as

logrando êxito a notificação pela via tradicional, via Correios, a notificação precisa ser realizada com aviso de recebimento, bem como utilizados outros meios tecnológicos disponíveis, antes de utilizar-se a publicação por meio de edital.

A tese que se inclina pela necessidade de notificação por AR é pouco aceita na prática, o que não infirma a importância de debatermos sobre o assunto. Discutiremos, ainda neste tópico, com mais profundidade, o assunto. Por ora, transcrevemos ementa que advoga no sentido de que fundamental a notificação por aviso de recebimento:

> EMENTA. REMESSA NECESSÁRIA E APELAÇÃO CÍVEL. AÇÃO ANULATÓRIA. IMPOSIÇÃO DE PENALIDADE POR INFRAÇÃO DE TRÂNSITO. CASSAÇÃO DE CNH. ENVIO DAS NOTIFICAÇÕES PARA O ENDEREÇO CORRETO. AVISO DE RECEBIMENTO - AR DEVOLVIDO PELO MOTIVO "NÃO EXISTE O NÚMERO INDICADO". USO DA NOTIFICAÇÃO POR EDITAL SEM O ESGOTAMENTO DE OUTROS MEIOS DE LOCALIZAÇÃO. VIOLAÇÃO AO PRINCÍPIO DO DEVIDO PROCESSO LEGAL. AUTO DE INFRAÇÃO NULO. REMESSA NECESSÁRIA NÃO CONHECIDA EM RAZÃO DA INTERPOSIÇÃO

---

notificações de que trata esta Resolução serão realizadas por edital publicado em diário oficial, na forma da lei, respeitados o disposto no §1º do art. 282 do CTB e os prazos prescricionais previstos na Lei nº 9.873, de 23 de novembro de 1999, que estabelece prazo de prescrição para o exercício de ação punitiva.
Art. 282, §1º, CTB. A notificação devolvida por desatualização do endereço do proprietário do veículo ou por recusa em recebê-la será considerada válida para todos os efeitos.

DE APELO DO DETRAN. RECURSO VOLUNTÁRIO NÃO PROVIDO. Mantém-se a sentença que julgou procedente o pedido exordial para declarar a nulidade das notificações e das sanções aplicadas, porquanto, não tendo o DETRAN esgotado os meios de localização para a notificação pessoal da condutora infratora, a notificação por edital não pode ser considerada válida.

... a carta com aviso de recebimento foi devolvida com a anotação do motivo "não existe o número indicado" (fls. 52-53), seguindo-se-lhe notificação por edital (fls. 54-55).

Decorrido o prazo para apresentação de defesa sem manifestação da autuada, procedeu-se à notificação da penalidade, sendo a carta com aviso de recebimento encaminhada para o mesmo endereço da correspondência anterior e, a qual, da mesma forma, retornou com a indicação de que "não existe o número indicado" (f. 56), tendo, igualmente, aqui, sido procedida a notificação da penalidade via edital (fls. 57-58).

Na hipótese, como asseverado pelo juiz de primeiro grau, é notória a precocidade da notificação por edital da autora levada à efeito pelo DETRAN-MS e, por conseguinte, o evidente desrespeito à garantia constitucional do contraditório e da ampla defesa, porquanto não esgotados todos os meios à disposição do órgão executivo de trânsito para notificar a infratora.

Sem embargo, no caso em tela, verifica-se que a autarquia apelante, após a devolução do AR pelo motivo "não existe o número indicado", procedeu à imediata notificação ficta da recorrida acerca da instauração do processo administrativo.

Contudo, denota-se dos documentos trazidos aos autos que o endereço da autora é o mesmo desde o ano de 2012 (fls. 13 e 63-66).

Nessa esteira, é possível concluir que deu-se de forma indevida o retorno do AR apontando o motivo "não existe o número indicado", razão pela qual não pode a apelada sofrer as consequências decorrentes de irregularidade procedimental a qual não deu causa.

Insta salientar, outrossim, a prematuridade da notificação por edital, já que levada a efeito após uma única tentativa frustrada de notificação postal, sem que houvesse a reiteração do referido ato ou a realização de outras diligências por meio tecnológico ou por outras vias à disposição da autarquia apelante.

Ante o exposto, não conheço da remessa necessária e nego provimento ao recurso interposto pelo Departamento Estadual de Trânsito de Mato Grosso do Sul DETRAN, mantendo incólume a sentença recorrida (Apelação / Remessa Necessária - Nº 0801296-12.2017.8.12.0004 | TJ-MS; Relator: Des. Sérgio Fernandes Martins).

NOTA: Reproduzimos as partes que consideramos mais importantes do julgado.

É nula a notificação por edital, publicada em Diário Oficial, quando realizada concomitantemente à expedição da notificação postal, visto que a Resolução 918/2022, em seu art. 14, estabelece a ordem a ser seguida: primeiro a notificação pessoal; após, frustrada a tentativa, citação editalícia.

Informações mínimas que deverão conter no edital para notificação da autuação:

a) cabeçalho com identificação do órgão autuador e do tipo de notificação;

b) instruções e prazo para apresentação de defesa da autuação;

c) lista com a placa do veículo, número do Auto de Infração de Trânsito, data da infração e código da infração com desdobramento.

A Resolução CONTRAN 918/2022 estabelece em seu art. 4º que a notificação da autuação precisa atender aos requisitos do art. 280, do CTB. Desta feita, os requisitos mínimos apresentados na Resolução 931/2022 estão incompletos. Com efeito, imprescindível que a notificação aponte os demais itens previstos na legislação.

Estando a publicação incompleta, *mister* o reconhecimento da nulidade, visto que cerceado o direito de defesa. Impõe-se o arquivamento.

MODELO | NULIDADE POR AUSÊNCIA DE REQUISITOS MÍNIMOS

Preliminarmente: Da nulidade da notificação por edital por ausência de preenchimento dos requisitos legais mínimos

A Resolução 931/2022 do CONTRAN estabelece em seu art. 14, que, uma vez não localizado o proprietário e esgotadas as formas de localização pessoal, é possível a notificação via edital.

Todavia, ainda que cumpridas todas as etapas necessárias que precedem à notificação editalícia, salutar o preenchimento dos requisitos legais mínimos a fim de que haja validade.

Com efeito, a Resolução 931 esmiúça os requisitos mínimos que devem estar presentes na notificação de autuação. Neste sentido, o art. 4º da referida resolução determina que necessário obedecer ao art. 280 do CTB, *verbis*:

Art. 280. Ocorrendo infração prevista na legislação de trânsito, lavrar-se-á auto de infração, do qual constará:

I - tipificação da infração;

II - local, data e hora do cometimento da infração;

III - caracteres da placa de identificação do veículo, sua marca e espécie, e outros elementos julgados necessários à sua identificação;

IV - o prontuário do condutor, sempre que possível;

V - identificação do órgão ou entidade e da autoridade ou agente autuador ou equipamento que comprovar a infração;

VI - assinatura do infrator, sempre que possível, valendo esta como notificação do cometimento da infração.

O edital, que no caso representa a notificação da autuação, limita-se a indicar o prazo para apresentação de defesa e a placa do veículo, em claro desrespeito ao comando legal e à regulamentação vigente.

Indubitável o cerceamento do direito de defesa, em afronta ao art. 5º, LV, da Constituição Federal.

Não há que se falar em repetição do ato, visto que o órgão possui o prazo decadencial de 30 dias, a contar do cometimento da infração, para expedição da notificação da autuação pelas vias ordinárias.

No caso de notificação por edital, o prazo de 30 dias precisa ser contado a partir do momento em que constatado o esgotamento da tentativa de notificação postal e pessoal (Resolução 918, CONTRAN, art. 14), tendo escoado o referido prazo.

Ainda que não seja esse o entendimento, o art. 282, §6º, do CTB, diz que a notificação da penalidade, nos casos de não apresentação de defesa da autuação, deve ser expedida no prazo máximo de 180 dias do cometimento da infração, sob pena de decadência (art. 282, §7º, CTB).

Sendo certo que a notificação de autuação precede a notificação da penalidade e já decorreu mais de 180 dias do cometimento da suposta infração, indiscutível que, se houve a decadência para a expedição da notificação da penalidade, decaído o prazo para expedição da notificação da autuação.

Ora, por óbvio, a nulidade da notificação por edital equivale a dizer que não houve notificação. A expedição da notificação viciada não tem o condão de suspender ou interromper o prazo decadencial.

Assim, há que ser reconhecida nulidade do procedimento, por visível irregularidade procedimental, com posterior arquivamento do feito, de acordo com o que preconiza o art. 281, parágrafo único, II, do CTB.

As publicações efetuadas através de edital são válidas para todos os efeitos. Todavia, uma vez requeridas, o órgão de trânsito é obrigado a fornecer as informações das notificações, inclusive as frustradas, anteriores à publicação dos editais, a fim de seja verificado o efetivo esgotamento das tentativas.

Existe um prazo máximo para que seja realizada a notificação por edital? A legislação é omissa quanto ao ponto, prevendo apenas que, esgotada a tentativa de notificação postal e pessoal, a notificação será realizada por edital.

---

[65] O prazo de 180 dias representa o fim da 1ª fase do processo administrativo de trânsito quando indeferida a defesa da autuação ou quando esta não é apresentada. A 1ª fase se inicia com a autuação e se estende até a notificação da aplicação da penalidade. Havendo apresentação de defesa da autuação a duração da 1ª fase é de 360 dias. O prazo pode ser contado a partir do cometimento da infração, nos casos das penalidades de advertência por escrito ou multa ou a partir da conclusão do processo administrativo, nos casos das penalidades de suspensão do direito de dirigir, cassação da CNH, cassação da permissão para dirigir e frequência obrigatória em curso de reciclagem.

Art. 282, CTB. Caso a **defesa prévia seja indeferida ou não seja apresentada** no prazo estabelecido, será aplicada a penalidade e expedida notificação ao proprietário do veículo ou ao infrator, por remessa postal ou por qualquer outro meio tecnológico hábil que assegure a ciência da imposição da penalidade.

§ 6º O prazo para expedição das notificações das penalidades previstas no art. 256 deste Código é de 180 (cento e oitenta) dias ou, se houver interposição de defesa prévia, de 360 (trezentos e sessenta) dias, contado:

I. no caso das penalidades previstas nos incisos I e II do caput do art. 256 deste Código, da data do cometimento da infração;

II. no caso das demais penalidades previstas no art. 256 deste Código, da conclusão do processo administrativo da penalidade que lhe der causa.

Pode-se adotar a tese de que, por analogia ao art. 281, parágrafo único, II, do CTB, aplica-se o prazo de 30 dias a partir do momento em que esgotadas as tentativas de notificação pessoal. Saliente-se que há o prazo limite de 180 dias para que seja expedida a 2ª notificação, de aplicação da penalidade, conforme abordaremos a seguir[65]. Filiamo-nos a tal entendimento.

Em resumo: o órgão tem o prazo de 30 dias a partir do cometimento da infração para expedir a notificação da autuação, de forma postal, sem AR; verificando que o meio utilizado não surtiu o efeito desejado, ou seja, há certeza de que o proprietário não foi notificado, procede-se à notificação postal com AR; retornando negativo, o órgão tem o prazo de 30 dias para publicar o edital.

Decorridos os 30 dias sem que tenha ocorrido a notificação, reconhece-se a insubsistência do auto de infração, que será remetido ao arquivo (art. 281, parágrafo único, II, CTB).

Ainda que não seja adotado tal entendimento, a lei determina que, no caso de não apresentação de defesa, o órgão tem o prazo de 180 dias a partir da verificação da infração para expedir a notificação da penalidade. Logo, a notificação por edital precisa ser efetuada em período anterior. Cronologicamente, primeiro há a notificação da autuação e, posteriormente, a notificação da penalidade. A segunda somente pode ser realizada quando concluída a primeira notificação, sob pena de nulidade[66].

> Súmula 312, STJ. No processo administrativo para imposição de multa de trânsito, são necessárias as notificações da autuação e da aplicação da pena decorrente da infração.

Não finalizada a primeira fase no prazo decadencial (180 ou 360 dias, a depender do caso), o feito deve ser arquivado.

A lei fala em notificação através de "outros meios tecnológicos que assegurem a ciência" (CTB, art. 282, *in fine*). Salvo nos casos do sistema de notificação eletrônica, em geral, referidos "outros meios" são ineficazes quanto à certeza da ciência ou sua válida presunção. Falaremos sobre o tema adiante.

---

[66] Na prática, o órgão/entidade de trânsito, não raras vezes, fará a remessa da notificação da autuação via correios, sem AR, entendimento já consolidado pelo STJ e, com base na teoria da expedição, considerará que o proprietário/condutor foi efetivamente notificado. Caberá ao notificado o ônus de apontar as falhas existentes e pleitear a nulidade do processo.

Nada impede, todavia, que a notificação se dê através de e-mail, por exemplo, e **com a resposta do notificado** - e somente nos casos em que houver resposta/confirmação - tenha-se a certeza de notificação, evitando-se a publicação do edital, mais dispendiosa aos cofres públicos.

MODELO | NECESSIDADE DE ESGOTAMENTO DA TENTATIVA DE NOTIFICAÇÃO PESSOAL

Preliminarmente: Notificação via edital. Da indispensável tentativa de notificação pessoal

Em se tratando de notificação via postal, a legislação apresenta a ordem para que o proprietário ou infrator seja notificado.

Inicialmente, a preferência legal é pela notificação realizada através de notificação postal. Em que pese a legítima insurgência, a jurisprudência consolidou entendimento de que, nesta primeira tentativa, desnecessária a utilização do aviso de recebimento em mão própria, consoante pedido de uniformização de interpretação de lei n. 372/SP, STJ.

Lado outro, frustrada a tentativa de notificação via postal, sem AR, deve a autoridade de trânsito utilizar-se de outros mecanismos para cientificar o proprietário/condutor. É possível, assim, que se utilize de outros meios tecnológicos, tais como e-mail ou, por fim, o aviso de recebimento. Tais atitudes são necessárias a fim de que seja garantida a ciência da notificação (art. 282, CTB), imprescindível para o desenvolvimento válido do processo administrativo.

Compulsando os autos, apura-se que não houve esgotamento das vias ordinárias, o que nulifica a notificação por edital.

Neste sentido caminha a melhor jurisprudência:

APELAÇÃO CÍVEL/REMESSA NECESSÁRIA. MANDADO DE SEGURANÇA CONCEDIDA PARA DECLARAR A NULIDADE DE PROCESSO ADMINISTRATIVO E PENALIDADE POR AUSÊNCIA DE NOTIFICAÇÃO VÁLIDA ESGOTADOS TODOS OS MEIOS DE NOTIFICAÇÃO, DEVE SER FEITA POR EDITAL DIREITO LÍQUIDO E CERTO GARANTIDO SENTENÇA MANTIDA REMESSA NECESSÁRIA E APELAÇÃO IMPROVIDAS. **Não tendo a autoridade impetrada esgotado os meios de localização para a notificação pessoal do impetrante, a notificação por edital não pode ser considerada válida** (TJMS. Apelação / Remessa Necessária n. 8000949-39.2019.8.12.0800, Campo Grande, 1ª Câmara Cível, Relator (a): Des. João Maria Lós, j: 16/10/2020, p: 18/10/2020).

O desrespeito ao procedimento macula o processo administrativo de insanável nulidade.

Irrefutável a incidência do cerceamento do direito de defesa, vez que não respeitado o contraditório e a ampla defesa (art. 5º, LV, da CF).

Desta feita, pugna pelo reconhecimento da nulidade suscitada, reconhecendo-se a insubsistência, com posterior arquivamento do processo administrativo.

* Aplica-se aqui o que foi dito anteriormente em relação à expedição de ofício para a autoridade competente.

* Se for o caso, vale também sustentar a impossibilidade de repetição do ato em decorrência do decurso do prazo, conforme apresentamos no modelo anterior.

Reza o art. 282, §1º, do CTB, que "a notificação devolvida por desatualização do endereço do proprietário do veículo ou por recusa em recebê-la será considerada válida para todos os efeitos". Adotou-se, então, o entendimento de que no caso de endereço desatualizado, desnecessária a publicação do edital.

A notificação eletrônica considera-se **expedida** no momento em que é enviada ao proprietário (Resolução 918/2022, art. 30, II). A expedição eletrônica, tal qual a postal, deve ser realizada no prazo de 30 dias após o cometimento da infração.

> Resolução 918/2022, art. 30. A expedição das notificações de que trata esta Resolução se caracterizará:
>
> II. pelo envio eletrônico da notificação pelo órgão autuador do veículo, quando utilizado sistema de notificação eletrônica.

O proprietário ou o condutor **será considerado notificado** 30 (trinta) dias após a inclusão da informação no sistema eletrônico (expedição da notificação eletrônica), independentemente do acesso regular ao Sistema, prevalecendo os prazos nele estabelecidos.

Resolução 931/2022, art. 4º, §6º. O proprietário ou o condutor autuado será considerado notificado trinta dias após a inclusão da informação no sistema e do envio da respectiva mensagem, a qual deve ser enviada por meio de comunicação eletrônica no SNE, dando ciência do registro de autuação.

As notificações enviadas eletronicamente dispensam a publicação por edital.

O Sistema de Notificação Eletrônica (SNE) é um meio de comunicação virtual que permite receber e enviar informativos, comunicados e documentos em formato digital. É necessária a prévia adesão ao sistema pelo condutor ou proprietário (Resolução CONTRAN 931/2022, art. 2º, *in fine*), podendo ser realizada junto aos órgãos e entidades executivos de trânsito ou por outros meios disponibilizados.

É possível a utilização do Sistema eletrônico para disponibilizar e receber:

I. notificação de autuação;

II. notificação de penalidade de multa;

III. notificação de penalidade de advertência por escrito;

IV. interposição de defesa da autuação;

V. interposição de recursos administrativos de infrações de trânsito;

VI. resultado de julgamentos;

VII. indicação de condutor infrator;

VIII. resultado da identificação do condutor infrator;

IX. campanhas educativas de trânsito;

X. outros documentos e informes de suas competências.

É de exclusiva responsabilidade do usuário o acesso ao SNE, devendo manter seu cadastro atualizado junto órgão executivo de trânsito do Estado ou do Distrito Federal. O cadastro deve conter o endereço eletrônico (e-mail) e telefone do usuário.

A utilização do Sistema de Notificação Eletrônica substitui qualquer outra forma de notificação, ou seja, dispensa-se, dentre outras, a expedição da notificação de autuação e notificação da penalidade.

Cancela-se o acesso ao sistema de notificação eletrônica:

I. por livre iniciativa do usuário; ou

II. a critério do órgão ou entidade do SNT detentor do meio tecnológico disponibilizado, desde que justificado.

Permanecem válidas, para fins de comprovação de notificação do infrator, as notificações disponibilizadas no sistema até o dia do cancelamento.

Comunicada a venda ou a transferência de propriedade do veículo cadastrado no SNE, o vínculo entre o proprietário anterior e o veículo será cancelado.

É necessário que a notificação (postal, eletrônica ou por edital) indique a data do término do prazo para apresentação da defesa de autuação, conhecida como defesa prévia, que **não pode ser inferior a 30 dias**. Prazo este que será **contado da data da expedição da notificação** da autuação ou publicação do edital (Art. 281-A, CTB c/c Resolução 918/2022, art. 4º). É possível que seja concedido prazo maior, vez que a resolução indica um prazo mínimo.

Tema de extrema importância, com relevante repercussão prática e que merece aprofundamento, consiste em saber se a administração, ao expedir a notificação, seja de autuação ou de penalidade, está obrigada a utilizar a modalidade de envio com aviso de recebimento.

Anteriormente mencionamos o caso de expedição de notificação sem AR que retorna negativo. Entendemos que nesse caso necessária a tentativa de notificação com AR antes de proceder-se à notificação por edital.

Mas é possível vislumbrar situação, que é costumeira, diga-se passagem, em que a notificação foi assinada, logo, retornou positiva, mas foi assinada por terceira pessoa. Se houve mudança de endereço, a notificação é válida, visto que há obrigatoriedade de manutenção de endereço atualizado.

Por outro lado, é possível que algum membro da família receba a notificação e não repasse a informação para aquele que deveria ser notificado ou que a notificação seja recebida na portaria, tendo sido extraviada.

Já adiantamos que existe forte e prevalecente entendimento na direção de aceitar que não há necessidade de utilização do AR.

Ora, sabe-se que, com o ato da expedição da notificação da autuação, surge para o suposto infrator o início da contagem do prazo para que apresente, se assim o desejar, a defesa da atuação, possuindo o prazo preclusivo de 30 dias para tanto.

Não há dúvidas de que é obrigação da administração comprovar a **expedição da notificação**, sendo ampla a jurisprudência neste sentido.

Lado outro, como comprovar que o administrado efetivamente recebeu a notificação? Dúvidas não restam de que o aviso de recebimento é o meio mais eficaz.

Os principais argumentos que tentam justificar a desnecessidade de utilização do AR e que serão, com a *máxima vênia*, rebatidos, são os seguintes:

1. Falta de previsibilidade legal

Tal argumento tem como alicerce o fato de que a administração obedece à estrita legalidade (art. 37, da CF), não sendo obrigada a fazer o que a lei não determina.

Em que pese não existir dispositivo legal expresso que determine a remessa por AR, o ordenamento jurídico deve ser analisado em seu conjunto, extraindo-se da norma a melhor interpretação em consonância com o sistema.

A lei é cristalina ao estabelecer que se deve assegurar a ciência do notificado (art. 282, CTB), condutor ou proprietário. O verbo "dever" encerra a discricionariedade da administração. É obrigação do órgão notificante certificar-se que a notificação foi realizada.

2. Encarecimento desnecessário da remessa postal

Justifica-se que a remessa postal por AR aumenta, de forma injustificada, a despesa da administração. Sustenta-se que representa utilização inadequada do dinheiro público. Ademais, entendem que o manuseio não autorizado do dinheiro público pode dar azo à configuração de improbidade administrativa (art. 10, IX, lei 8.429/92).

Todos os elementos mencionados são fatores internos, não podendo o administrado sofrer o impacto da falta de previsibilidade dos órgãos públicos. A administração deve organizar-se a fim de cumprir seus objetivos adequadamente.

Está-se discutindo a realização de princípios constitucionais, como o contraditório e a ampla defesa. Não cabe ao condutor/proprietário fazer prova de fato negativo – não há como comprovar o que não aconteceu.

A comparação que se faz é entre fatores internos e o cerceamento de defesa. Não restam dúvidas de que deve prevalecer a ampla defesa e o contraditório.

3. Ainda que se utilize AR não há comprovação de que o proprietário foi realmente notificado

A tese não se sustenta. O aviso de recebimento em mão própria, como o próprio nome indica, tem a função de ratificar o recebimento pela pessoa a ser notificada.

Através dele (AR), é possível saber se foi a própria pessoa que o assinou, se foi recebido por terceiros, se não foi recebido etc.

Contudo, a jurisprudência sedimentou, a nosso ver de forma incorreta, o entendimento de que o AR é desnecessário. Entendeu-se que prevalece a teoria da expedição, segundo a qual se leva em consideração apenas a expedição, independentemente do efetivo recebimento.

O julgado, de forma acertada, definiu, ainda, que compete ao órgão autuador comprovar que efetivamente procedeu à expedição da notificação de autuação ou de aplicação da penalidade.

Pela importância, transcrevemos o pedido de uniformização de interpretação de lei n. 372/SP:

PROCESSUAL CIVIL E ADMINISTRATIVO. PEDIDO DE UNIFORMIZAÇÃO DE INTERPRETAÇÃO DE LEI. JUIZADO ESPECIAL DA FAZENDA PÚBLICA. CÓDIGO DE TRÂNSITO BRASILEIRO. AUTO DE INFRAÇÃO. NOTIFICAÇÃO. REMESSA POSTAL. AVISO DE RECEBIMENTO. PREVISÃO LEGAL. AUSÊNCIA. CERCEAMENTO DE DEFESA E OFENSA AO CONTRADITÓRIO. DESCARACTERIZAÇÃO. SÚMULA 312 DO STJ. VIOLAÇÃO. INEXISTÊNCIA. 1. De acordo com o art. 18, § 3º, da Lei n. 12.153/2009, o mecanismo de uniformização de jurisprudência e de submissão das decisões das Turmas Recursais ao crivo do Superior Tribunal de Justiça, no âmbito dos Juizados Especiais da Fazenda Pública, restringe-se a questões de direito material, quando as Turmas de diferentes Estados derem a lei federal interpretações divergentes, ou quando a decisão proferida estiver em contrariedade com súmula do Superior Tribunal de Justiça. 2. Em observância ao princípio insculpido no art. 5º, LV, da Constituição Federal, o Código de Trânsito Brasileiro determina que a autoridade de trânsito deve expedir a notificação do cometimento da infração no prazo de até 30 (trinta), caso o condutor não seja cientificado no local do flagrante, para fins de defesa prévia (art. 280, VI, e 281 do CTB), bem como acerca da imposição da penalidade e do prazo para a interposição de recurso ou recolhimento do valor da multa (art. 282). 3. A **legislação especial** é imperativa quanto à necessidade de garantir a ciência do infrator ou responsável pelo veículo da aplicação da penalidade, seja por remessa postal (telegrama, sedex, cartas simples ou registrada) ou "qualquer outro meio tecnológico hábil" que assegure o seu conhecimento, mas **não obriga ao órgão de trânsito à expedição da notificação mediante Aviso de Recebimento** (AR). 4. Se o CTB reputa válidas as notificações por remessa postal, sem explicitar a forma de sua realização, tampouco o CONTRAN o fez, **não há como atribuir à administração pública uma obrigação não prevista em lei ou, sequer, em ato normativo, sob pena de ofensa aos princípios da legalidade, da separação dos poderes e da proporcionalidade, considerando o alto custo da carta com AR e, por conseguinte, a oneração dos cofres públicos**. 5. O envio da notificação, por carta simples ou registrada, satisfaz a formalidade legal e, cumprindo a administração pública o comando previsto na norma especial, utilizando-se, para tanto, da Empresa de Correios e

Telégrafos - ECT (empresa pública), cujos serviços gozam de legitimidade e credibilidade, **não há se falar em ofensa ao contraditório e à ampla defesa** no âmbito do processo administrativo, até porque, se houver falha nas notificações, o art. 28 da Resolução n. 619/16 do Contran prevê que "a autoridade de trânsito poderá refazer o ato, observados os prazos prescricionais". 6. Cumpre lembrar que é dever do proprietário do veículo manter atualizado o seu endereço junto ao órgão de trânsito e, se a devolução de notificação ocorrer em virtude da desatualização do endereço ou recusa do proprietário em recebê-la considera-se-á válida para todos os efeitos (arts. 271 § 7º, e 282 § 1º, c/c o art. 123, § 2º, do Código de Trânsito). 7. Além do rol de intimações estabelecido no art. 26, § 3º, da Lei 9.784/99 ser meramente exemplificativo, a própria lei impõe em seu art. 69 que "os processos administrativos específicos continuarão a reger-se por lei própria, aplicando-se-lhes apenas subsidiariamente os preceitos desta Lei". 8. O critério da especialidade "tem sua razão de ser na inegável ideia de que o legislador, quanto cuidou de determinado tema de forma mais específica, teve condições de reunir no texto da lei as regras mais consentâneas com a matéria disciplinada" (MS 13939/DF, Relator Ministro ARNALDO ESTEVES LIMA, Órgão Julgador S3 - TERCEIRA SEÇÃO, DJe 09/11/2009). 9. Da interpretação dos arts. 280, 281 e 282 do CTB, conclui-se que é obrigatória a comprovação do envio da notificação da autuação e da imposição da penalidade, mas não se exige que tais expedições sejam acompanhadas de aviso de recebimento. 10. Pedido de uniformização julgado improcedente (Relator MINISTRO GURGEL DE FARIA | STJ).

A doutrina que advoga a tese de desnecessidade do AR a sustenta, ainda, com alicerce no art. 30, I, da Resolução 918/2022, ao afirmar que "a expedição se caracterizará pela entrega da notificação da autuação pelo órgão ou entidade de trânsito à empresa responsável por seu envio".

Dessa forma, é ônus do notificado provar que não recebeu a notificação dentro do prazo para apresentar sua defesa.

Neste aspecto, o notificado é obrigado a produzir prova negativa, ou seja, comprovar que não recebeu a notificação, o que, além de absurdo, é impossível.

O órgão autuador pode comprovar que enviou a notificação, já que possui o documento de despacho dos correios. Mas não há como fazer prova em relação ao efetivo recebimento. Ainda que o endereço esteja devidamente atualizado, existem imprevistos que podem impedir a correta defesa, repita-se.

Indubitável que existente violação ao devido processo legal pela presença de cerceamento de defesa e impossibilidade de prova de não recebimento. Não se pode considerar como absoluta a presunção de recebimento da correspondência pelo simples fato de ter ocorrido a expedição.

O aviso de recebimento seria necessário ainda que não estivéssemos falando de notificação pessoal[67].

---

[67] Neste caso, a notificação seria válida se, e somente se fosse recebida pelo notificado-infrator, o que seria ideal e consentâneo com a garantia constitucional de ampla defesa.

Exige-se, em atendimento aos princípios constitucionais, no mínimo, que haja comprovação de que a notificação foi entregue no endereço correto e com tempo hábil para manifestação.

Em analogia, citamos o exemplo utilizado nas ações de busca e apreensão de automóveis.

Com efeito, é condição de procedibilidade da ação de busca a apreensão a constituição da mora[68], que se caracteriza pela comprovada remessa de carta com aviso de recebimento, podendo ser assinada por pessoa diversa, desde que seja constado que recebido no endereço constante no contrato[69].

Com a sistemática utilizada, e considerando-se as incontáveis falhas no sistema de correspondência, não há dúvidas de que presente o cerceamento de defesa.

---

[68] Enunciado de Súmula 72 STJ. A comprovação da mora é imprescindível à busca e apreensão do bem alienado fiduciariamente.

Enunciado de Súmula 283, TJRJ. A comprovação da mora é condição específica da ação de busca e apreensão do bem alienado fiduciariamente.

[69] Art. 2º, §2º, Decreto-lei 911/69. A mora decorrerá do simples vencimento do prazo para pagamento e poderá ser comprovada por carta registrada com aviso de recebimento, não se exigindo que a assinatura constante do referido aviso seja a do próprio destinatário.

O prazo deveria ser iniciado no dia seguinte ao efetivo recebimento da notificação, de acordo com as boas práticas processuais.

Imagine a seguinte situação: o órgão expede notificação com prazo de 30 dias para manifestação (que se conta a partir da expedição). O proprietário/condutor a recebe no 29º dia. Em que pese o recebimento tenha ocorrido dentro do lapso temporal legal, o notificado terá à disposição apenas 1 dia para tomar as medidas que considerar necessárias. Visível que configurado o cerceamento de defesa no caso, conforme ostensiva e cansativamente temos sustentado.

Notificado da autuação, o proprietário tem quatro linhas a seguir: (i) se aderente do SNE, pagar a multa com desconto de 40% e desistir da apresentação de defesa e interposição de recursos; (ii) indicar o condutor/real infrator (iii) requerer a conversão da multa em advertência por escrito ou (iv) apresentar defesa da autuação/defesa prévia, com ou sem pagamento da multa, conforme passaremos a estudar.

6.7. PAGAMENTO DA MULTA COM DESCONTO DE 40%. RENÚNCIA AO DIREITO DE DEFESA

Art. 284, CTB. Omissis...

§ 1º. Caso o infrator opte pelo sistema de notificação eletrônica, conforme regulamentação do Contran, e opte por **não** apresentar defesa prévia nem recurso, **reconhecendo** o cometimento da infração, poderá efetuar o pagamento da multa por 60% (sessenta por cento) do seu valor (=desconto de 40%), em qualquer fase do processo, **até o vencimento da multa**[70] (*anotamos*).

A literalidade da lei mostra-nos que para a concessão do desconto de 40% do valor da multa, necessário o preenchimento concomitante dos seguintes requisitos:

(i) optar pelo SNE;

(ii) reconhecer o cometimento da infração;

(iii) renunciar ao direito de apresentar defesa ou interpor recurso;

(iv) que a opção seja realizada até o vencimento da multa.

---

[70] O vencimento da multa deve ser de, no mínimo, 30 dias, contados da data da expedição da notificação da penalidade. É o mesmo prazo para interposição de recurso em primeira instância (art. 282, §§ 4º e 5º, CTB). Os dois prazos encerram-se juntos.

Inclinamo-nos no sentido da inconstitucionalidade do dispositivo, por encerrar cerceamento do direito de defesa e afronta ao princípio da isonomia.

No Brasil, infelizmente, há uma forte desconfiança quanto ao procedimento administrativo de trânsito, o que não é constatado em outras áreas, como a tributária e a ambiental, por exemplo.

O ceticismo vem da impressão de que é impossível lograr êxito nas demandas, visto o altíssimo número de rejeição. Não sobram casos, inclusive, de pessoas que nem sequer cometeram infração e, ainda assim, tiveram seus requerimentos negados. Muitas inconsistências apontadas não são observadas, tanto na esfera administrativa, como na judicial.

Em contrapartida, uma infinidade de recursos inadequados, que não atendem aos requisitos mínimos, com visível desconhecimento do procedimento e da legislação.

Nesse cenário, recusar a possibilidade de recorrer se mostra meio coercitivo, seduzindo o suposto infrator a pagar a multa, ainda que não tenha cometido a infração.

Inclinamo-nos pelo entendimento de que há evidente cerceamento do direito de defesa, ainda que não haja obrigatoriedade, dada a pressão psicológica.

Não é incomum o condutor ou proprietário, com medo, optar pelo pagamento, ainda que não tenha, de fato, cometido a infração.

Ademais, o pagamento, em nenhuma hipótese, é incompatível com a necessidade de recorrer, principalmente em se tratando de condutor/proprietário que não cometeu a infração. Inexiste preclusão lógica. Ao efetuar o pagamento, o suposto infrator demonstra apenas a vontade de aproveitar o desconto mais vantajoso. Nada além.

É inaceitável, em um estado democrático de direito, que o administrado seja submetido à renúncia de seu direito de defesa.

A doutrina contrária fundamenta a constitucionalidade no fato de a pessoa poder optar por um desconto menor, de 20%, e ainda garantir a possibilidade de recorrer.

Com arrimo em nosso posicionamento, não há motivo suficiente para justificar o tratamento diferenciado, a não ser, conforme exposto, a manipulação psicológica.

Nada obstante nosso entendimento, não há posicionamento firme da jurisprudência no sentido de rechaçar a aplicação do dispositivo.

O pagamento da multa nos termos aqui expostos encerra o processo administrativo.

A nosso ver, o pagamento da multa não é capaz de ilidir a convicção de que cabível a propositura de demanda judicial.

Veja que o artigo mencionado diz que o suposto infrator desiste da apresentação de defesa e interposição de recurso administrativo, sendo silente quanto à utilização da esfera judicial.

Tal posicionamento é reforçado pelo Enunciado de Súmula 434, do STJ:

> Enunciado 434. O pagamento da multa por infração de trânsito não inibe a discussão judicial do débito. (SÚMULA 434, PRIMEIRA SEÇÃO, julgado em 24/03/2010, DJe 13/05/2010).

O enunciado retromencionado remete a um período em que para a interposição do recurso, necessário o pagamento da multa, o que não ocorre nos dias atuais. Tinha como objetivo reafirmar que o pagamento não significava aceitação de eventuais nulidades.

Abaixo, transcrevemos ementa de um dos excertos dos precedentes que originaram o enunciado:

... INFRAÇÃO DE TRÂNSITO. VALORES PAGOS A TÍTULO DE MULTA DE TRÂNSITO. PAGAMENTO NÃO CONVALIDA EVENTUAL VÍCIO NO PROCEDIMENTO ADMINISTRATIVO. [...] **O cumprimento da penalidade imposta ao administrado (multa por infração de trânsito) não convalida, por si só, a eventual nulidade do procedimento administrativo do qual resultou a sua aplicação.** Assim, o pagamento da multa não obsta o conhecimento do recurso administrativo, sendo dever da Administração ressarcir a quantia paga no caso de seu provimento. Com mais razão, não inibe o acesso à via jurisdicional para ver declarada a nulidade do procedimento. [...]" (REsp 757421 RS, Rel. Ministro TEORI ALBINO ZAVASCKI, PRIMEIRA TURMA, julgado em 16/12/2008, DJe 04/02/2009).

Conclui-se que o pagamento da multa não configura aceitação da penalidade, nem convalida eventual vício existente no ato administrativo.

Mesmo que a regulamentação do SNE seja posterior, não há incompatibilidade com o enunciado, conforme expusemos acima. Desta feita, permanece incólume o enunciado de súmula 434 do STJ.

O ponto mais sensível da regra é a obrigatoriedade de reconhecimento do cometimento da infração, o que será utilizado como forte argumento da administração no caso de propositura de demanda judicial.

6.8. INDICAÇÃO DO CONDUTOR |REAL INFRATOR. MULTA NIC

> Art. 257, §7º, CTB. Quando não for imediata a identificação do infrator, o **principal condutor ou o proprietário do veículo** terá o prazo de **30 (trinta) dias**, contado **da notificação da autuação**, para apresentá-lo, na forma em que dispuser o Contran, e, transcorrido o prazo, se não o fizer, será considerado responsável pela infração o principal condutor ou, em sua ausência, o proprietário do veículo.

Utiliza-se a indicação do real infrator quando a infração é de responsabilidade do condutor e este não foi, por algum motivo, identificado no momento da constatação da infração.

Neste caso, a notificação da autuação será acompanhada do formulário de identificação do condutor infrator com, pelo menos, os seguintes dados (Resolução CONTRAN 918/2022, art. 5º e incisos):

i) identificação do órgão ou entidade de trânsito responsável pela autuação;

ii) campos para o preenchimento da identificação do condutor infrator: nome e números de registro dos documentos de habilitação, identificação e CPF;

iii) campo para a assinatura do proprietário do veículo;

iv) campo para a assinatura do condutor infrator;

v) placa do veículo e número do Auto de Infração de Trânsito;

vi) data do término do prazo para a identificação do condutor infrator e interposição da defesa da autuação;

vii) esclarecimento das consequências da não identificação do condutor infrator, infrator, nos termos dos §§ 7º e 8º do art. 257 do CTB;

viii) esclarecimento de que a indicação do condutor infrator somente será acatada e produzirá efeitos legais se o formulário de identificação do condutor estiver corretamente preenchido, sem rasuras, **com assinaturas originais do condutor e do proprietário do veículo**;

ix) endereço para entrega do Formulário de Identificação do Condutor Infrator;

x) esclarecimento sobre a responsabilidade nas esferas penal, cível e administrativa, pela veracidade das informações e dos documentos fornecidos.

Para que seja realizada a imputação da infração é imperioso que o infrator indicado proceda à assinatura do formulário de identificação.

Recusando a assinatura, a depender do registro do veículo, se pertencente a órgão público ou a particular, deverá ser juntado ao formulário, além dos documentos acima, os seguintes (Resolução 918/2022, CONTRAN, art. 5º, §1º, I e II):

(i) **Veículos oficiais**: estando o veículo em nome de órgãos ou entidades da administração direta ou indireta da União, Estados, Distrito Federal e Municípios, necessário acostar ofício do representante legal do órgão ou entidade com identificação do condutor, bem como comprovante de que o indicado estava na condução do veículo no momento da infração.

(ii) **Veículos de pessoas jurídicas privadas**: apresentação de documento em que conste cláusula de responsabilidade, como por exemplo, contrato de aluguel de veículo.

Resolução CONTRAN 918/2022, art. 5º, §1º,II. O documento referido no inciso II do § 1º deverá conter, no mínimo, identificação do veículo, do proprietário e do condutor, cláusula de responsabilidade pelas infrações e período em que o veículo esteve na posse do condutor apresentado, podendo esta última informação constar de documento em separado assinado pelo condutor.

(iii) **Veículos de pessoas físicas | sem cláusula de responsabilidade**: não há solução administrativa, devendo a parte socorrer-se do Judiciário, com demanda visando obter declaração de que o indicado é o real infrator.

O formulário de identificação do condutor infrator poderá ser substituído por outro documento, desde que contenha as informações mínimas exigidas.

Para fins de indicação do condutor infrator, o principal condutor equipara-se ao proprietário do veículo, ou seja, o principal condutor é legitimado a apresentar o condutor infrator.

Também se equipara ao proprietário o possuidor do veículo objeto de penhor ou de contrato de arrendamento mercantil, comodato, aluguel ou arrendamento não vinculado ao financiamento do

212

veículo que esteja regularmente constituído e devidamente registrado no órgão ou entidade executivo de trânsito. Tratando-se de contrato com vigência igual ou superior a 180 dias, as notificações **deverão** ser enviadas ao possuidor.

Observe-se que o prazo para indicação do condutor infrator é concomitante ao prazo para apresentação de defesa prévia: 30 dias a contar da notificação da autuação.

Hipóteses em que o proprietário é considerado infrator (Resolução CONTRAN 918/2022, art. 6º):

(i) Quando escoado o prazo e não identificado o condutor infrator.

Art. 257, §7º, CTB: quando não for imediata a identificação do infrator, o principal condutor ou o proprietário do veículo terá o prazo de 30 (trinta) dias, contado da notificação da autuação, para apresentá-lo, na forma em que dispuser o Contran, e, transcorrido o prazo, se não o fizer, será considerado responsável pela infração o principal condutor ou, em sua ausência, o proprietário do veículo.

Observe-se a ordem: havendo principal condutor, este é o responsável. Inexistindo, o responsável é o proprietário.

Em relação ao prazo para indicação, existe entendimento do Superior Tribunal de Justiça que entende se tratar de prazo meramente administrativo, não acarretando preclusão temporal no âmbito judicial:

... RESPONSABILIDADE POR INFRAÇAO IMPUTADA AO PROPRIETARIO EM RAZAO DO QUE DISPOE O ART. 257, § 7o, DO CTB. PRECLUSAO TEMPORAL ADMINISTRATIVA. NECESSIDADE DE ANDAMENTO DO PROCEDIMENTO ADMINISTRATIVO. COMPROVAÇAO, EM SEDE JUDICIAL, DE QUE O INFRATOR NAO ERA O PROPRIETARIO DO VEICULO. RESPONSABILIDADE DO CONDUTOR. INAFASTABILIDADE DO CONTROLE JURISDICIONAL. 1. Trata-se de recurso especial interposto pela Empresa Publica de Transporte e Circulação S/A - EPTC contra acórdão do Tribunal de Justiça do Rio Grande do Sul que, em apelação, desconsiderou a aplicação do art. 257, § 7o, do CTB por haver nos autos prova inequívoca de que o proprietário não era o condutor que cometeu a infração. O infrator de fato, após reconhecer sua responsabilidade, pede que lhe sejam atribuídas as consequências da violação às normas de transito. (...) 9. Em segundo lugar, em relação à malversação do art. 257, § 7º, do CTB que determina que não sendo imediata a identificação do infrator, o proprietário do veiculo terá quinze dias de prazo, após a notificação da autuação, para apresenta-lo, na forma em que dispuser o CONTRAN, ao fim do qual, não o fazendo, será considerado responsável pela infração" -, é preciso destacar que a preclusão temporal que tal dispositivo consagra é meramente administrativa. 10. Trata-se de medida instituída unicamente para frear a busca incessante pela verdade material no âmbito administrativo e compatibiliza-la com a necessidade de andamento dos procedimentos desenvolvidos pela Administração Publica - no caso, no que tange à aplicação de sanções de transito. 11. Obviamente, o proprietário, em sede judicial, tem direito de demonstrar que não guiava o veiculo por ocasião do cometimento da infração, mesmo que tenha perdido o prazo administrativo para tanto. Entendimento diverso resultaria em desconsideração ao que dispõe o art. 5o, inc. XXXV, da Constituição da Republica vigente. 12. No caso dos presentes autos, o acórdão combatido consignou que "a declaração de fl. 45 comprova a ausência de responsabilidade do apelante [ora recorrido], uma vez que, por meio dela, Jorge Antonio Silva de Souza reconhece expressamente, de forma inequívoca, ser o condutor que cometeu a infração, e requer a transferência de pontuação à sua CNH" (fl. 306). 13. Assim sendo, a verdade dos fatos a que chegou o Judiciário é suficiente para afastar a presunção jurídica de autoria (e, consequentemente, de responsabilidade) criada na esfera administrativa. 14. Recurso especial parcialmente conhecido e, nesta parte, não provido." (REsp 765970/RS, Rel. Min. Mauro Campbell Marques, Segunda Turma, DJe 2.10.2009).

(ii) Identificação deficitária do condutor, em desacordo com o estipulado pela Resolução 918/2022, CONTRAN.

(iii) No momento da prática da infração não tenha sido comunicada a venda do veículo.

Art. 134, CTB. No caso de transferência de propriedade, expirado o prazo previsto no § 1º do art. 123 deste Código sem que o novo proprietário tenha tomado as providências necessárias à efetivação da expedição do novo Certificado de Registro de Veículo, o antigo proprietário deverá encaminhar ao órgão executivo de trânsito do Estado ou do Distrito Federal, no prazo de 60 (sessenta) dias, cópia autenticada do comprovante de transferência de propriedade, devidamente assinado e datado, sob pena de ter que se responsabilizar solidariamente pelas penalidades impostas e suas reincidências até a data da comunicação.

A questão é controvertida, existindo farta jurisprudência se inclinando pela imputação da penalidade ao real infrator, ainda que não tenha havido a comunicação da venda.

Vale destacar, contudo, mudança de entendimento do Superior Tribunal de Justiça no ano de 2021, reconhecendo a responsabilidade solidária entre o anterior e o atual proprietário, no caso de não comunicação da venda:

PROCESSUAL CIVIL E ADMINISTRATIVO. ART. 134 DA LEI N. 9.503/1997 (CTB). CONTROVÉRSIA A RESPEITO DA RESPONSABILIDADE POR MULTAS ADMINISTRATIVAS REFERENTES A INFRAÇÕES DE TRÂNSITO PRATICADAS APÓS A ALIENAÇÃO DE VEÍCULO AUTOMOTOR. DEVER DO ANTIGO

PROPRIETÁRIO COMUNICAR A TRANSFERÊNCIA DA PROPRIEDADE AO ÓRGÃO EXECUTIVO DE TRÂNSITO DO ESTADO OU DO DISTRITO FEDERAL. 1. Registra-se que "[a]os recursos interpostos com fundamento no CPC/1973 (relativos a decisões publicadas até 17 de março de 2016) devem ser exigidos os requisitos de admissibilidade na forma nele prevista, com as interpretações dadas, até então, pela jurisprudência do Superior Tribunal de Justiça (Enunciado Administrativo n. 2, aprovado pelo Plenário do Superior Tribunal de Justiça em 9/3/2016)". 2. Hipótese em que o Supremo Tribunal Federal, por meio do provimento do agravo em recurso extraordinário interposto pelo DETRAN/RS (ARE n. 835.476/DF), determinou a realização de novo julgamento do recurso especial. 3. Não se antevê necessidade da observância do que dispõe o art. 97 da Constituição Federal, pois o entendimento atual do Superior Tribunal de Justiça, assentado por meio de julgamentos da Primeira Seção e das Turmas que a compõem, reconhece a aplicação do art. 134 do Código de Trânsito Brasileiro ao ex-proprietário de veículo automotor. A propósito: "A cláusula constitucional de reserva de plenário, insculpida no art. 97 da Constituição Federal, fundada na presunção de constitucionalidade das leis, não impede que os órgãos fracionários ou os membros julgadores dos Tribunais, quando atuem monocraticamente, rejeitem a arguição de invalidade dos atos normativos, conforme consagrada lição da doutrina (MOREIRA, José Carlos Barbosa. Comentários ao Código de Processo Civil, Vol. V - Arts. 476 a 565, Rio de Janeiro: Ed. Forense, 2009, p. 40) (RE 636.359 AgR-Segundo/AP, Tribunal Pleno, Rel. Min. Luiz Fux, julgado em 03/11/2011, public. 25/11/2011)". **4. A jurisprudência contemporânea desta Corte Superior afastou a responsabilidade do antigo proprietário por débitos referentes ao IPVA (Súmula 585/STJ), mas assinalou o seu dever de comunicar a transferência da propriedade do veículo para terceiro ao órgão competente, sob pena de responder solidariamente por infrações de trânsito cometidas após a alienação.** Nesse sentido, confiram-se: AgInt no PUIL 1.556/SP, Rel. Min. Sérgio Kukina, Primeira Seção, DJe 17/6/2020; AREsp 438.156/RS, Rel. Ministro Napoleão Nunes Maia Filho, Primeira Turma, DJe 16/12/2019; e REsp 1.768.244/SP, Rel. Min. Herman Benjamin, Segunda Turma, DJe 11/3/2019. 5. Agravo conhecido para dar provimento ao recurso especial, restabelecendo a sentença (AGRAVO EM RECURSO ESPECIAL Nº 369593 – RS; RELATOR : MINISTRO BENEDITO GONÇALVES).

Enunciado de Súmula 585, STJ. A responsabilidade solidária do ex-proprietário, prevista no art. 134 do Código de Trânsito Brasileiro - CTB, não abrange o IPVA incidente sobre o veículo automotor, no que se refere ao período posterior à sua alienação.

Sendo proprietária do veículo pessoa jurídica e não procedendo esta à indicação do real infrator, será aplicada nova multa, conforme determina o art. 257, §8º, do CTB:

> Art. 257, §8º. Após o prazo previsto no §7º deste artigo (30 dias), se o infrator não tiver sido identificado, e o veículo for de propriedade de pessoa jurídica, **será lavrada nova multa** ao proprietário do veículo, **mantida a originada pela infração,** cujo valor será igual a 2 (duas) vezes o da multa originária, garantidos o direito de defesa prévia e de interposição de recursos previstos neste Código, na forma estabelecida pelo Contran *(anotamos).*

> Art. 258, CTB. As infrações punidas com multa classificam-se, de acordo com sua gravidade, em quatro categorias:
>
> I. infração de natureza gravíssima, punida com multa no valor de R$ 293,47 (duzentos e noventa e três reais e quarenta e sete centavos);
>
> II. infração de natureza grave, punida com multa no valor de R$ 195,23 (cento e noventa e cinco reais e vinte e três centavos);

III. infração de natureza média, punida com multa no valor de R$ 130,16 (cento e trinta reais e dezesseis centavos

IV. infração de natureza leve, punida com multa no valor de R$ 88,38 (oitenta e oito reais e trinta e oito centavos).

O artigo trata da **multa NIC (não indicação de condutor)**, que se aplica apenas no caso de proprietário pessoa jurídica, visto não existir previsão legal quando se tratar de proprietário pessoa física.

A multa NIC não deve ser aplicada, ainda que não haja indicação do condutor, se a infração for de responsabilidade do proprietário. A responsabilidade pela infração pode ser verificada na Portaria 354/2022, do SENATRAN.

A lei 14.229/2021, ao modificar o art. 257, §8º, do CTB, acabou com o debate em relação ao procedimento a ser adotado: se deveria ou não haver notificação da autuação. Segundo previsão da Resolução 710/2017 do CONTRAN[71], a aplicação da multa NIC dispensava a lavratura de AIT, bem com a prévia expedição de notificação de autuação.

---

[71] Importante a leitura integral da resolução 710/17 do CONTRAN, observando-se atentamente as modificações do CTB.

A nova redação é enfática ao determinar que é cabível a defesa prévia e os demais recursos. Logo, necessária a notificação da autuação.

Sabe-se que para o válido desenvolvimento do processo administrativo para imposição de penalidade, essencial que seja realizada a dupla notificação (notificação da autuação e notificação da penalidade). Especificamente para as multas por não indicação de condutor, a Resolução 710/2017 do CONTRAN, inovava, assentando que somente seria necessária a notificação da penalidade.

Havia relevante controvérsia jurisprudencial em relação ao tema.

Pela constitucionalidade e aplicabilidade do procedimento previsto na resolução 710/2017, sustentava-se, em suma:

(i) não se trata de discussão em relação à aplicação de multa de trânsito, mas de sanção administrativa acessória por descumprimento da obrigação estatuída pelo art. 257, §7º, do CTB;

(ii) os arts. 280 e 281 cuidam do processamento de autuação, inexistente na conjuntura de aplicação da multa NIC;

(iii) a dupla notificação implica em desnecessário gasto ao erário e, segundo os defensores, não há obrigação legal que justifique tal despesa;

(iv) prolongamento do processo administrativo, que gera demora em imputar os pontos. Consequentemente, possibilidade de impunidade, visto que os pontos prescrevem em 12 meses.

Pela inconstitucionalidade, asseverava-se:

(i) o procedimento para aplicação da multa está previsto no art. 280 e 281 do CTB, não sendo possível que norma de hierarquia inferior estabeleça procedimento diverso e prejudicial ao suposto infrator;

(ii) a imposição de multa sem que seja facultada a possibilidade de manifestação implica em evidente cerceamento do direito de defesa, ferindo o art. 5º, LV, do CF;

(iii) a ausência de dupla notificação fere a determinação do enunciado de sumula 312 do STJ;

O Superior Tribunal de Justiça, no Recurso Especial 1.925.456/SP, Tema 1.097, na modalidade de recurso repetitivo, firmou entendimento pela **necessidade de dupla notificação**:

> ADMINISTRATIVO E PROCESSUAL CIVIL. RECURSO REPRESENTATIVO DE CONTROVÉRSIA. ART. 1.036 E SEGUINTES DO CPC/2015 E RESOLUÇÃO STJ 8/2008. AUTO DE INFRAÇÃO SEM IDENTIFICAÇÃO DO INFRATOR. **VEÍCULO DE PROPRIEDADE DE PESSOA JURÍDICA. NECESSIDADE DE DUPLA NOTIFICAÇÃO. UMA NA LAVRATURA DO AUTO DE INFRAÇÃO, E OUTRA NA IMPOSIÇÃO DA PENALIDADE. CASOS DO ART. 257, § 8º, DO CTB.** PRECEDENTES DO STJ.
>
> 1. Trata-se de dois Recursos Especiais, interpostos pelo Sindicato das Empresas Locadoras de Veículos Automotores do Estado de São Paulo - SINDLOC/SP, por Diego Wasiljew Candido da Silva e Dangel Cândido da Silva, contra acórdão proferido pelo Tribunal de Justiça do Estado de São Paulo no julgamento do Incidente de Resolução de Demandas Repetitivas (IRDR) 2187472-23.2017.8.26.0000, em que foi fixada a seguinte tese (fls. 824-835): "Os art. 280 e 281 da LF nº 9.503/97, de 23-9-1997, não se aplicam à sanção pela não indicação de condutor prevista no art. 257, § 7º e 8º, assim dispensada a lavratura de autuação e consequente notificação. Tal dispositivo e a Resolução CONTRAN nº 710/17 não ofendem o direito de defesa".
>
> 2. *In casu*, **busca-se uniformizar o entendimento sobre a necessidade de envio de dupla notificação prevista nos arts. 280 e 281 do Código de Trânsito Brasileiro (CTB) para aplicação da penalidade prevista no art. 257, § 8º**, do mesmo diploma legal. A penalidade em questão é prevista pelo CTB para o descumprimento, pelas pessoas jurídicas proprietárias de veículos, da obrigação de, em cada autuação recebida, identificar no prazo legal o respectivo condutor. RESOLUÇÃO DA CONTROVÉRSIA SUBMETIDA AO RITO DO ART. 1.036 DO CPC/2015 E DA RESOLUÇÃO STJ 8/2008.

3. Admitida a afetação com a seguinte delimitação da tese controvertida: "Verificação da necessidade de observação dos art. 280 e 281 da Lei 9.503/1997 em relação à infração pela não indicação de condutor prevista no art. 257 § 7º e 8º, para definir a imperiosidade da notificação da infração e da notificação de eventual imposição de penalidade".

DISCIPLINA LEGAL

4. O Código de Trânsito Brasileiro, em seu art. 257, §§ 7º e 8º, prevê a aplicação de nova multa ao proprietário de veículo registrado em nome de pessoa jurídica quando não se identifica o condutor infrator no prazo determinado. **Da redação da lei, verifica-se que as duas violações são autônomas em relação à necessidade de notificação da autuação e da aplicação da pena decorrente da infração, devendo ser concedido o devido prazo para defesa em cada caso**. NECESSIDADE DE DUPLA NOTIFICAÇÃO: DE AUTUAÇÃO E DE APLICAÇÃO DA PENA DECORRENTE DA INFRAÇÃO - QUANTO A ESSA PENALIDADE ESPECÍFICA

5. *In casu*, a pessoa jurídica é proprietária de veículos, os quais são conduzidos por funcionários. Quando esses funcionários cometem infração de trânsito usando tais veículos, a pessoa jurídica deve indicar o condutor, para fins de punição individualizada. Se não indica, além da infração cometida com o veículo, ocorre nova infração, que é a não indicação de condutor. A controvérsia que se instaura é para saber se quanto a esta infração, de não indicação de condutor, há necessidade de expedir nova notificação, após expirado o prazo concedido. No caso, a pessoa jurídica deverá arcar com o valor da multa da infração de trânsito e também da não indicação de condutor, caso isso ocorra.

6. **Tratando-se de situações distintas, geradoras de infrações distintas, o direito de defesa a ser exercido em cada uma será implementado de forma igualmente distinta. Ou seja, as teses de defesa não serão as mesmas, daí a razão para que se estabeleça relação processual diferenciada, para cada situação.**

7. Assim, **sempre que estiver em jogo a aplicação de uma garantia, a regra de interpretação não deve ser restritiva**. Ademais, **sempre que depararmos um gravame, penalidade**

ou sacrifício de direito individual, a regra de interpretação deve, de alguma forma, atender quem sofre esse tipo de consequência, quando houver alguma dúvida ou lacuna. Veem-se exemplos dessa perspectiva no Processo Penal, com muita clareza, em que a dúvida beneficia o réu. Observa-se também no Direito do Consumidor, no do Trabalho, nos quais a parte fragilizada na relação jurídica material recebe "compensação", por assim dizer, ou desequiparação lícita, para que, no conflito verificado em um processo contra um ente mais "forte", possa se estabelecer, tanto quanto possível, a igualdade material e ela não seja prejudicada por ser mais frágil.

8. **Sendo administrativa ou de trânsito a multa, não se vê motivo para dela afastar a aplicação dos arts. 280, 281, 282 do CTB** (os quais estão contidos na mesma lei federal que prevê tal multa), nem mesmo obstáculos que impossibilitem que uma segunda notificação seja expedida antes da imposição da penalidade, sendo incontestável que o próprio art. 257, § 8º, do CTB determina sanção financeiramente mais grave à pessoa jurídica que não identifica o condutor no prazo legal. **Não se trata, portanto, de "fazer letra morta o texto legal", mas, ao contrário, de cumpri-lo com efetividade.**

PANORAMA GERAL DA JURISPRUDÊNCIA DO STJ

9. Ao julgar o mérito do IRDR, o TJSP fixou tese em sentido contrário ao entendimento do STJ. De acordo com a tese fixada pelo Tribunal *a quo*, desnecessária dupla notificação - ou seja, de notificação de autuação e de aplicação da pena decorrente da infração - quanto a essa penalidade específica.

10. **Conforme a jurisprudência do STJ, nesses casos, em se tratando de multa aplicada à pessoa jurídica proprietária de veículo, fundamentada na ausência de indicação do condutor infrator, é obrigatório observar a dupla notificação, a primeira refere-se à autuação da infração e a segunda é relativa à aplicação da penalidade** (arts. 280, 281 e 282, todos do CTB). Confiram-se, nesse sentido, os seguintes precedentes: AgInt no REsp 1.829.234/SP, Rel. Min. Mauro Campbell Marques, Segunda Turma, DJe

27.11.2019; AgInt nos EDcl no AREsp 1.219.594/SP; Rel. Min. Francisco Falcão, Segunda Turma, DJe 17.10.2018; AgInt no AREsp. 906.113/SP, Rel. Min. Francisco Falcão, Segunda Turma, DJe 8.3.2017; AREsp 1.150.193/SP, Rel. Min. Assusete Magalhães, Segunda Turma, DJe 6.11.2017; REsp. 1.724.601/SP, Rel. Min. Og Fernandes, DJe 28.6.2019; AREsp 1.255.108/SP, Rel. Min. Napoleão Nunes Maia Filho, DJe 12.4.2018; AgInt no REsp 1.851.111/SP, Rel. Min. Napoleão Nunes Maia Filho, Primeira Turma, DJe 29.6.2020; AREsp 1.280.000/SP, Rel. Min. Sérgio Kukina, DJe 30.4.2018; REsp 1.736.145/SP, Rel. Min. Regina Helena Costa, Primeira Turma, DJe 20.8.2018; REsp 1.790.627/SP, Rel. Min. Herman Benjamin, Segunda Turma, DJe 30.5.2019; REsp 1.666.665/SP, Rel. Min. Herman Benjamin, Segunda Turma, DJe 6.6.2017; REsp 1.879.009/SP, Rel. Min. Herman Benjamin, Segunda Turma, DJe 6.10.2020; AgInt no REsp 1.901.841/SP, Rel. Min. Herman Benjamin, Segunda Turma, DJe 6/4/2021.

TESE REPETITIVA

11. **Para fins dos arts. 1.036 e seguintes do CPC/2015, fixa-se a seguinte tese no julgamento deste recurso repetitivo: "Em se tratando de multa aplicada às pessoas jurídicas proprietárias de veículo, fundamentada na ausência de indicação do condutor infrator, é obrigatório observar a dupla notificação: a primeira que se refere à autuação da infração e a segunda sobre a aplicação da penalidade**, conforme estabelecido nos arts. 280, 281 e 282 do CTB".

RESOLUÇÃO DO CASO CONCRETO

12. Tendo em vista a unidade de interesse dos recorrentes, os Recursos Especiais serão analisados em conjunto. Dessa feita, merece provimento tanto o Recurso Especial interposto pelo SINDLOC/SP, quanto o promovido por Diego Wasiljew Candido da Silva e Dangel Cândido da Silva.

CONCLUSÃO

13. Recursos Especiais providos, sob o regime dos arts. 1.036 e seguintes do CPC/2015 e da Resolução 8/2008 do STJ. (REsp 1925456/SP, Rel. Ministro HERMAN BENJAMIN, PRIMEIRA SEÇÃO, julgado em 21/10/2021, DJe 17/12/2021).

Como dito, a mudança legislativa acabou com a controvérsia.

O arquivamento do auto da infração originário ensejará o cancelamento da correspondente penalidade de multa NIC.

A notificação da autuação obedece ao procedimento padrão.

A notificação da penalidade de aplicação da multa NIC deve possuir, no mínimo (Resolução CONTRAN 710/2017, art. 4º):

I. identificação do órgão ou entidade executivo de trânsito ou rodoviário que aplicou a penalidade;

II. nome da pessoa jurídica proprietária do veículo;

III. os dados do auto de infração para o qual não houve a regular indicação do condutor infrator, quais sejam:

a) número de identificação;

b) data, hora e local da infração; e

c) código da infração.

IV. data de emissão;

V. descrição da penalidade e sua previsão legal;

VI. data do término do prazo para a apresentação de recurso;

VII. valor da multa integral e com o desconto aplicável nos termos do art. 284 do CTB;

VIII. campo para autenticação eletrônica, a ser regulamentado pelo órgão máximo executivo de trânsito da União.

Imposta a multa, cabe recurso à JARI.

Art. 285. O recurso contra a penalidade imposta nos termos do art. 282 deste Código será interposto perante a autoridade que imputou a penalidade e terá efeito suspensivo.

Não adimplido o valor da multa NIC, fica o proprietário impedido de proceder à transferência de propriedade, bem como de realizar o licenciamento do veículo.

Art. 124. Para a expedição do novo Certificado de Registro de Veículo serão exigidos os seguintes documentos:

VIII - comprovante de quitação de débitos relativos a tributos, encargos e multas de trânsito vinculados ao veículo, independentemente da responsabilidade pelas infrações cometidas

Art. 128. Não será expedido novo Certificado de Registro de Veículo enquanto houver débitos fiscais e de multas de trânsito e ambientais, vinculadas ao veículo, independentemente da responsabilidade pelas infrações cometidas.

Art. 131. O Certificado de Licenciamento Anual será expedido ao veículo licenciado, vinculado ao Certificado de Registro de Veículo, em meio físico e/ou digital, à escolha do proprietário, de acordo com o modelo e com as especificações estabelecidas pelo Contran.

§ 2º O veículo somente será considerado licenciado estando quitados os débitos relativos a tributos, encargos e multas de trânsito e ambientais, vinculados ao veículo, independentemente da responsabilidade pelas infrações cometidas.

O STF, através da Ação Direta de Inconstitucionalidade 2998/DF, declarou a constitucionalidade dos dispositivos acima transcritos.

Abaixo, ementa da decisão:

> Decisão: O Tribunal, por maioria, julgou prejudicada a ação quanto ao art. 288, § 2º, do Código de Trânsito Brasileiro - CTB, vencido o Ministro Marco Aurélio (Relator), que o declarava inconstitucional. Por maioria, **julgou improcedente a ação, declarando-se a constitucionalidade dos arts. 124, VIII, 128, e 131, § 2º, do CTB**, vencido o Ministro Celso de Mello. Por unanimidade, deu interpretação conforme a Constituição ao art. 161, parágrafo único, do CTB, para afastar a possibilidade de estabelecimento de sanção por parte do Conselho Nacional de Trânsito. Por maioria, declarou a nulidade da expressão "ou das resoluções do CONTRAN" constante do art. 161, *caput*, do Código de Trânsito Brasileiro, vencidos os Ministros Marco Aurélio, Edson Fachin, Roberto Barroso e Rosa Weber. Redigirá o acórdão o Ministro Ricardo Lewandowski. Ausente, justificadamente, o Ministro Luiz

Fux. Presidência do Ministro Dias Toffoli. Plenário, 10.04.2019.

Por fim, quando constatado o cometimento das infrações do art. 162, do CTB, **deverão** ser lançados dois autos de infração:

(i) ao proprietário, por infração prevista ao art. 163, CTB. Não se aplica se o condutor for também o proprietário.

Art. 163. Entregar a direção do veículo a pessoa nas condições previstas no artigo anterior:

Infração - as mesmas previstas no artigo anterior;

Penalidade - as mesmas previstas no artigo anterior;

Medida administrativa - a mesma prevista no inciso III do artigo anterior.

(ii) ao condutor indicado, **ou** ao proprietário que não indicá-lo no prazo estabelecido, pela infração cometida de acordo com as condutas previstas nos incisos do art. 162 do CTB.

❖ **OBS: Se o proprietário não for o condutor e não indicar o infrator, arcará com o pagamento de duas multas (arts. 162 e 163, do CTB), de acordo com a infração cometida.**

❖ Condutas previstas no art. 162:

Art. 162. Dirigir veículo:

I. sem possuir Carteira Nacional de Habilitação, Permissão para Dirigir ou Autorização para Conduzir Ciclomotor:

Infração - gravíssima;

Penalidade - multa (três vezes);

Medida administrativa - retenção do veículo até a apresentação de condutor habilitado;

II. com Carteira Nacional de Habilitação, Permissão para Dirigir ou Autorização para Conduzir Ciclomotor cassada ou com suspensão do direito de dirigir:

Infração gravíssima;

Penalidade - multa (três vezes);

Medida administrativa - recolhimento do documento de habilitação e retenção do veículo até a apresentação de condutor habilitado;

III. com Carteira Nacional de Habilitação ou Permissão para Dirigir de categoria diferente da do veículo que esteja conduzindo:

Infração gravíssima;

Penalidade - multa (duas vezes);

Medida administrativa - retenção do veículo até a apresentação de condutor habilitado;

IV. (VETADO)

V. com validade da Carteira Nacional de Habilitação vencida há mais de trinta dias:

Infração gravíssima;

Penalidade multa;

Medida administrativa - recolhimento da Carteira Nacional de Habilitação e retenção do veículo até a apresentação de condutor habilitado;

VI. sem usar lentes corretoras de visão, aparelho auxiliar de audição, de prótese física ou as adaptações do veículo impostas por ocasião da concessão ou da renovação da licença para conduzir:

Infração gravíssima;

Penalidade multa;

Medida administrativa - retenção do veículo até o saneamento da irregularidade ou apresentação de condutor habilitado.

6.9. DA APLICAÇÃO *EX OFFICIO* DA ADVERTÊNCIA POR ESCRITO. DA (DES) NECESSIDADE DE REQUERIMENTO

A antiga redação do art. 267 do CTB assinalava que, reenchidos os requisitos legais, o órgão autuador **poderia** converter a penalidade de multa em advertência por escrito. Pela simples leitura do dispositivo, verificava-se que a decisão era puramente **discricionária**, ou seja, a administração, através de elementos subjetivos, quais sejam, conveniência e oportunidade, poderia recusar a conversão requerida. Como limite, impunha-se a necessidade de fundamentar a decisão de recusa, já que a discricionariedade estava atrelada ao prontuário do condutor e à adoção da medida mais educativa.

ANTIGA REDAÇÃO ART. 267, CTB. Poderá ser imposta a penalidade de advertência por escrito à infração de natureza leve ou média, passível de ser punida com multa, não sendo reincidente o infrator, na mesma infração, nos últimos doze meses, quando a autoridade, considerando o prontuário do infrator, entender esta providência como mais educativa[72].

A redação dada ao art. 267 pela lei 14.071/2020, ainda que imperceptível, mudou a sistemática adotada. Atualmente, a conversão não se trata de mera discricionariedade. É um ato vinculado, vale dizer, uma vez preenchidos os requisitos estabelecidos, a autoridade de trânsito tem o dever de aplicar a conversão.

REDAÇÃO ATUAL ART. 267. **Deverá** ser imposta a penalidade de advertência por escrito à infração de natureza leve ou média, passível de ser punida com multa, caso o infrator não tenha cometido nenhuma outra infração nos últimos 12 (doze) meses.

Resolução 918/2022, art. 10. Em se tratando de infrações de natureza leve ou média, a autoridade de trânsito deverá aplicar a penalidade de advertência por escrito, nos termos do art. 267 do CTB, na qual deverão constar os dados mínimos definidos no art. 280 do CTB e em regulamentação específica.

---

[72] A regra ainda é aplicável para as infrações cometidas antes de 12 de abril de 2021 (art. 10-A, Resolução 619/16).

Os requistos objetivos são: (i) cometimento de infração leve ou média; (ii) a multa deve ser a penalidade aplicável e (iii) não cometimento de infração nos últimos 12 meses.

O melhor entendimento é no sentido de que se considera cometida a infração quando encerrada a instância administrativa de julgamento de infrações e penalidades. É o "trânsito em julgado administrativo".

Antes, era necessário o requerimento do interessado a fim de que houvesse a conversão. Hoje, a conversão deve ser realizada *ex offício*.

Encerrada a instância administrativa de julgamento, a aplicação da penalidade de advertência por escrito deverá ser registrada no prontuário do infrator.

Compete ao SENATRAN disponibilizar transação para registro da penalidade de advertência por escrito no RENACH e no RENAVAM. Deve, ainda, fornecer acesso aos órgãos integrantes do SNT, para verificação das informações contidas no prontuário dos condutores e veículos, medida importante para que se verifique o cometimento de outras infrações.

O infrator deve ser notificado, no endereço constante no prontuário ou por notificação eletrônica, sobre a aplicação da penalidade de advertência por escrito.

Aplicando-se a penalidade aqui prevista, não haverá registro de pontuação no prontuário do infrator.

IMPORTANTE: é nula a aplicação da penalidade de multa quando a infração se enquadrar nos requisitos estabelecidos no art. 267 do CTB (art. 10, §8º, Resolução 918/2022). Desta forma, não há mais prazo final para efetivação do requerimento[73].

Presentes os requisitos e não ocorrendo a conversão pelo órgão, compete ao condutor/proprietário efetuar o requerimento.

MODELO REQUERIMENTO CONVERSÃO DE MULTA EM ADVERTÊNCIA

Preliminarmente: da conversão da eventual multa em advertência por escrito

---

[73] Antes da entrada em vigor da nova redação do art. 267, o requerimento de aplicação da penalidade de advertência por escrito poderia ser realizado até a data do término do prazo para apresentação da defesa da autuação.

O requerente foi notificado no dia xx.xx.xxxx, por supostamente ter infringido o art. xxx, do Código de Trânsito Brasileiro.

Com efeito, dispõe o art. 267, do código em comento:

Art. 267. **Deverá** ser imposta a penalidade de advertência por escrito à infração de natureza leve ou média, passível de ser punida com multa, caso o infrator não tenha cometido nenhuma outra infração nos últimos 12 (doze) meses.

Assim, sendo, verifica-se que, com a redação dada pela lei 14.071/2020 ao dispositivo, a conversão deixou ser mera discricionariedade, tornando-se ato plenamente vinculado a ser observado *ex officio*, o que não ocorreu no caso em tela.

Verifica-se, pela análise dos autos, que a infração supostamente cometida (i) é de natureza leve/média; (ii) passível de aplicação de multa (iii) e que não houve cometimento de quaisquer outras infrações de trânsito com julgamento administrativo definitivo nos últimos 12 meses, conforme demonstra o prontuário do requerente.

É certo que nula a aplicação da multa nos casos em que presente a hipótese de advertência por escrito, nos termos do art. 10, §8º, da Resolução 918/2022.

Assim, preenchidos os requisitos legais, requer a conversão da multa em advertência por escrito.

Em que pese não existir prazo para o requerimento, uma vez que a não observância torna o ato eivado de nulidade, se for preciso apresentar o requerimento, o requerente deve observar o prazo para apresentação da defesa da autuação, como já estudado.

Por este motivo, aconselhável que o pedido seja elaborado como preliminar de defesa da autuação. Caso contrário, se o órgão julgador não admitir o requerimento, restará preclusa a oportunidade para apresentação da defesa. Nada impede, todavia, que seja apresentada defesa prévia e, posteriormente, inclusive em sede recursal, seja demandada a aplicação da advertência.

Entendemos que a aplicação automática (de ofício) da advertência por escrito não inibe a possibilidade de apresentação de defesa da autuação.

Havendo exclusivamente requerimento de aplicação da advertência, não cabe recurso à JARI da decisão que a conceder. Lado outro, possível apresentar recurso se o requerimento for apresentado em conjunto com a defesa da autuação.

Se o requerente solicitou apenas a conversão em advertência por escrito, não há motivo para recurso, já que não houve sucumbência (perda). A autoridade concedeu exatamente o que foi pedido.

No caso de ser apresentada defesa prévia, a conversão é apenas uma das estratégias para lograr êxito. Assim, é possível que o requerente busque a inaplicabilidade de quaisquer penalidades. Não obtendo o resultado almejado requer, de forma subsidiária, que ao invés da aplicação da penalidade de multa seja aplicada a simples advertência.

Veja que nesse caso houve sucumbência – o requerente não queria aplicação de penalidade e foi concedida conversão da multa em advertência – cabendo, então, recurso à JARI.

Caso as informações não estejam disponíveis no RENACH, o requerente deve apresentar documento emitido pelo órgão ou entidade executivo de trânsito responsável pelo seu prontuário que demonstre a inexistência de infrações cometidas com julgamento administrativo encerrado, referente aos últimos 12 (doze) meses anteriores à data da infração.

6.10. DEFESA DA AUTUAÇÃO | DEFESA PRÉVIA

O meio mais comum de manifestação nos autos do processo administrativo é a apresentação de defesa da autuação. No geral, é a primeira manifestação do condutor/proprietário. É, também, o meio mais completo para exercer o direito de defesa.

Na defesa prévia podem ser arguidos erros formais, aqueles encontrados no auto de infração, bem como questões de mérito, relacionados aos fatos.

Resumidamente, a peça da defesa prévia é o instrumento que o autuado possui para expor todo o fundamento existente capaz de nulificar a autuação.

Passemos a analisar os requisitos para apresentação da defesa prévia.

6.10.1. REQUISITOS ESTRUTURAIS DA DEFESA/RECURSO

Os requisitos apontados pela legislação de trânsito se assemelham aos da petição inicial no processo judicial.

Entendemos, todavia, que, como o próprio nome indica, a defesa da autuação tem natureza jurídica de defesa, do mesmo modo que a contestação, no âmbito judicial.

6.10.1.1. Da forma

A forma é o meio de exteriorização da vontade.

Os atos podem ser solenes/formais, quando existe forma determinada em lei e não solenes/informais, caracterizados pela inexistência de forma preestabelecida.

Vige, no campo do direito privado, o princípio da liberdade das formas[74]. No âmbito público, diferentemente, prevalece como regra a solenidade das formas para a validade das declarações de vontade[75].

---

[74] Art. 107, Código Civil. A validade da declaração de vontade não dependerá de forma especial, senão quando a lei expressamente a exigir.

[75] Recorde-se o que foi dito em relação ao aproveitamento do ato quando atingida a finalidade, quando do estudo dos atos administrativos.

Constitui condição de validade do ato no processo administrativo de trânsito que ele seja escrito, como determina o art. 3º caput, da Resolução 900/2022, CONTRAN.

> Art. 3º. O requerimento de defesa ou recurso deverá ser apresentado por escrito de forma legível...

6.10.1.2. Do endereçamento

É competente para apreciação da defesa o órgão ou entidade de trânsito responsável pela autuação ou pela aplicação da penalidade de multa ou advertência por escrito (Resolução 900/2022, CONTRAN, art. 3º, I).

Na notificação da autuação deve constar o órgão responsável pelo julgamento. Trata-se do órgão para o qual a petição será endereçada[76].

A defesa ou o recurso deverá ser protocolizado no órgão ou entidade de trânsito autuador ou enviado, via postal, para o seu endereço, respeitado o disposto no artigo 287 do CTB (Resolução 900/2022, art. 6º). Há,

---

[76] É fundamental a verificação da competência. Uma vez que a autuação foi realizada por órgão incompetente, segundo as regras de divisão já estudadas, imperioso a arguição, que ensejará o arquivamento do feito.

ainda, a possibilidade de protocolização eletrônica, quando disponibilizado tal meio pelo órgão.

Art. 287, CTB. Se a infração for cometida em localidade diversa daquela do licenciamento do veículo, o recurso poderá ser apresentado junto ao órgão ou entidade de trânsito da residência ou domicílio do infrator.

6.10.1.3. Da qualificação

No momento da apresentação da defesa e/ou recurso, é preciso que se proceda à individualização daquele que apresenta a manifestação.

Necessário indicar: nome, endereço completo com CEP, número de telefone, número do documento de identificação, CPF/CNPJ do requerente (Resolução CONTRAN 900/2022, art. 3º, II).

6.10.1.4. Da identificação do veículo e do auto de infração

É preciso que o requerente aponte, pelo menos, a placa do veículo e indique o número do auto de infração (Resolução CONTRAN 900/2022, art. 3º, III).

6.10.1.5. Dos fatos e dos fundamentos[77]

Resolução 918/2022, art. 9º. Interposta[78] a Defesa da Autuação, nos termos do §2º do art. 4º desta Resolução, caberá à autoridade competente apreciá-la, inclusive quanto ao mérito.

A petição de defesa/recurso não precisa ser prolixa, com apresentação de informações desnecessárias. Pelo contrário. Busca-se a concisão, objetividade. Indispensável que a peça seja inteligível, com fatos concatenados em ordem cronológica, congruente. Daí devem ser contemplados alguns componentes. A defesa pode abranger questões formais ou substanciais. A Resolução 900/2022 do CONTRAN, em seu art. 3º, IV fala em apresentação de fatos, fundamentos legais e documentos que comprovem as alegações.

Topologicamente, inicia-se a defesa com apresentação de um breve resumo dos fatos.

---

[77] Expressão utilizada no Processo Civil para indicar requisito da petição inicial. Em se tratando de contestação, usa-se a palavra defesa, que pode ser processual ou de mérito.

[78] Tecnicamente, a defesa é apresentada/oferecida. Utiliza-se a palavra interpor quando há referência a recursos. Lembre-se, todavia, que, no processo civil, considera-se que os embargos de declaração são recursos, mas não são interpostos e, sim, opostos.

A literalidade do dispositivo acima mencionado, ao falar em **fundamento legal**, pode levar ao entendimento de que deve haver menção ao artigo de lei violado, o que é desnecessário, apesar de frequentemente adotarmos esse método.

Indeclinável, por outro lado, a demonstração do **fundamento jurídico**, que é a indicação do raciocínio jurídico desenvolvido para chegar à conclusão apresentada (conexão entre os fatos e os pedidos), que tem a finalidade de influenciar no julgamento, culminando com o acolhimento da pretensão do requerente.

... fundamento jurídico – circunstância de fato qualificada pelo direito, em que se baseia a pretensão ou a defesa, ou que possa ter influência no julgamento, mesmo que superveniente ao ajuizamento da ação – não se confundindo com o fundamento legal (dispositivo de lei regente da matéria) (REsp 1.280.825/RJ, Rel. Min. Isabel Gallotti, Quarta Turma STJ, DJe 01.08.2017).

Em seguida, passa-se à defesa processual (também conhecidas como defesa indireta ou defesa preliminar). Não dizem respeito ao direito material, mas à regularidade formal do processo.

A defesa processual deve ser analisada antes da defesa de mérito.

Dividem-se em defesas dilatórias e peremptórias. São dilatórias aquelas que não põem fim ao processo. Peremptórias são as que levam ao arquivamento.

É neste momento que são apontados os erros formais presentes no auto de infração, tema que veremos detalhadamente adiante.

Aduzem-se, ainda, erros procedimentais, como ausência de notificação, excesso de prazo para expedição da notificação, eventual prescrição, dentre outras nulidades existentes.

Por fim, apresenta-se a defesa de mérito (defesa substancial). Ocorre defesa de mérito direta quando o requerente demonstra que os fatos não ocorreram conforme alegado ou que as consequências jurídicas não são adequadas ao caso.

Exemplo: o auto de infração diz que o requerente "avançou o sinal vermelho" e o condutor consegue comprovar que, no caso concreto, permitiu que uma ambulância passasse, tendo, por consequência, "avançado o sinal".

A defesa de mérito indireta se dá quando, sem atacar os fatos, é demonstrado fato novo, impeditivo, modificativo ou extintivo do direito supostamente violado.

Exemplo: alega-se avanço de sinal. Prova-se que o avanço se deu no horário noturno, não sendo cabível o prosseguimento do processo.

O assunto é bem técnico, porém, para fins didáticos e com o objetivo de ser bem compreendido, inclusive por leigos, entendemos que as informações fornecidas são suficientes, sobretudo se considerarmos a inexistência de rigidez quanto ao tema, quando se trata de processo administrativo de trânsito.

6.10.1.6. Data e assinatura do requerente ou de seu representante legal

Conforme determinação da Resolução CONTRAN 900/2022, art. 3º, V e VI.

De acordo com o que estudaremos, a ausência de assinatura é fator gerador de "não conhecimento" da defesa/recurso.

OBSERVAÇÃO: Para cada infração deve ser apresentada uma defesa/recurso.

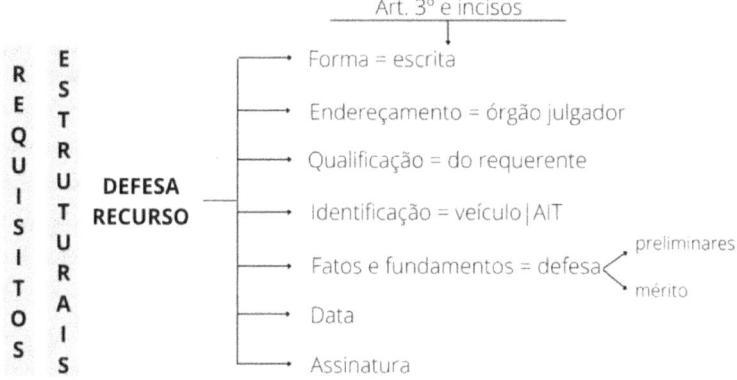

6.11. DOS DOCUMENTOS INDISPENSÁVEIS A SEREM APRESENTADOS

Imperioso instruir a petição com os documentos essenciais para análise, a saber:

(i) requerimento de defesa ou recurso;

Requerimento de defesa/recurso é o formulário que geralmente pelos órgãos para serem preenchidos pelo requerente. Não é obrigatório, podendo a haver protocolização direta petição, desde que atendidos os requisitos já estudados.

(ii) cópia da notificação de autuação, notificação da penalidade quando for o caso ou auto de infração ou documento que conste placa e o número do auto de infração de trânsito;

(iii) cópia da CNH ou outro documento de identificação que comprove a assinatura do requerente e, quando pessoa jurídica, documento comprovando a representação;

(iv) cópia do CRLV;

(v) procuração, quando for o caso;

(vi) outros documentos que corroborem as alegações do peticionante.

ATENÇÃO: as cópias dos documentos devem ser apresentadas em todas as etapas.

6.12. REQUISITOS PARA ANÁLISE DA DEFESA OU RECURSO

Ao ser protocolizada a defesa ou recurso, a autoridade responsável pelo julgamento deverá verificar se foram preenchidos os requisitos mínimos que possibilitem sua análise.

Se os requisitos mínimos não forem preenchidos, a defesa não será conhecida, vale dizer, a autoridade nem sequer irá analisar os argumentos suscitados e as provas apresentadas com a defesa/recurso.

Todavia, a técnica processual adequada conduz-nos ao entendimento de que é necessária a busca pela resolução do mérito (art. 4º, CPC – princípio da primazia da resolução do mérito). Desta forma, não preenchidos os requisitos, deveria a parte ser intimada a fim de regularizar a pendência. Mantendo-se inerte o interessado, a defesa deveria ser indeferida.

Enumeramos como requisitos:

a) Tempestividade

O prazo para apresentação da defesa deve vir expresso na notificação da autuação ou no auto de infração, quando este for servir como notificação de autuação, não podendo ser inferior a 30 dias, contados da data da expedição da notificação ou publicação do edital, de acordo com determinação legal (art. 281-A, CTB c/c Resolução CONTRAN 918, art. 4º, §2º).

Recordando o que já tratamos em item anterior, nos casos de remessa postal, dá-se a expedição da notificação quando há a entrega à empresa responsável por seu envio, no caso, os Correios (Resolução 918/2022, art. 30, I).

Considera-se expedida a notificação eletrônica no momento em que é enviada ao proprietário (Resolução 918, art. 30, II).

Para verificação da tempestividade, levar-se-á em consideração:

(i) a data da entrega nos Correios, no caso de defesa ou recurso apresentado por via postal;

(ii) a data de protocolo no órgão ou entidade de trânsito da residência ou domicílio do proprietário ou infrator, quando a infração for cometida em localidade diversa daquela do licenciamento do veículo (art. 287, CTB).

> Neste caso, a autoridade de trânsito que receber o recurso deverá remetê-lo à autoridade que impôs a penalidade, acompanhado das cópias dos prontuários necessários ao julgamento (art. 287, parágrafo único, CTB).
>
> O protocolo de recebimento da defesa ou recurso deverá conter, pelo menos, a identificação e assinatura do recebedor, a identificação do órgão ou entidade de trânsito e a data do recebimento (Resolução CONTRAN 900/2022, art. 6º, §2º).

A lei não menciona, mas nos casos de protocolização eletrônica, entendemos que o órgão deve disponibilizar número de protocolo com data e os dados essenciais para identificar o auto de infração recorrido e certificar a tempestividade.

IMPORTANTE: Quanto à intempestividade, possível sustentar relevante tese a fim de superar o "não conhecimento" da defesa. Com efeito, a administração tem a obrigação de rever seus próprios atos, de ofício (sem que seja provocado), quando eivados de vícios. Já expomos que se trata de uma obrigação legal.

> Art. 53, lei 9.784/99. A Administração **deve** anular seus próprios atos, quando eivados de vício de legalidade, e pode revogá-los por motivo de conveniência ou oportunidade, respeitados os direitos adquiridos.

A regra é confirmada pelos Enunciados de Súmula 346 e 473, ambos do Supremo Tribunal Federal:

> Enunciado 346. A administração pública **pode** declarar a nulidade dos seus próprios atos.

> Enunciado 473. A administração **pode** anular seus próprios atos, quando eivados de vícios que os tornam ilegais, porque deles não se originam direitos; ou revogá-los, por motivo de conveniência ou oportunidade, respeitados os direitos adquiridos, e ressalvada, em todos os casos, a apreciação judicial.

Apesar de os enunciados utilizarem a palavra "pode", trata-se de verdadeiro poder-dever. Logo, demonstrado o vício, a administração tem a obrigação de reconhecê-lo.

Desta feita, ainda que a defesa/recurso seja apresentada a destempo, a administração deve analisá-la e, uma vez demonstrados vícios, proceder à correção do ato.

A contagem dos prazos para apresentação da defesa da autuação e dos recursos de será em dias consecutivos, excluindo-se o dia da notificação ou publicação por meio de edital, e incluindo-se o dia do vencimento.

O prazo será prorrogado até o primeiro dia útil se o vencimento cair em feriado, sábado, domingo, em dia que não houver expediente ou este for encerrado antes da hora normal.

ATENÇÃO: Todas as peças (defesa prévia, recurso de 1ª instância, recurso de 2ª instâncias e peças intermediárias) devem ser protocolizadas junto ao órgão executivo autuador, o responsável pela análise da defesa prévia.

MODELO | MANIFESTAÇÃO INTEMPESTIVA. PRINCÍPIO DA AUTOTUTELA

PRELIMINARMENTE: DA INTEMPESTIVIDADE. APLICAÇÃO DO ENUNCIADO DE SÚMULA 473 DO SUPREMO TRIBUNAL FEDERAL. PRINCÍPIO DA AUTOTUTELA

Não há dúvidas de que a tempestividade foi erigida a requisito legal para análise da defesa, sendo certo que sua apresentação a destempo, em tese, conduziria ao não conhecimento. É a norma que se extrai do art. 4º, I, da Resolução 900/2022, CONTRAN.

Assim, de acordo com a literalidade do art. 281-A, do CTB, o requente possui o prazo de 30 dias, a contar da expedição da notificação, para apresentar defesa da autuação, sob pena de não conhecimento, repita-se, e aplicação da penalidade, com consequente expedida da notificação da penalidade, conforme se extrai da norma insculpida no art. 282, do CTB.

É cediço, por outro lado, que a Administração Pública tem o dever de, a qualquer tempo, rever seus próprios atos, quando eivados de vícios. Trata-se do princípio da autotutela, dever legal previsto no art. 53, da Lei 9.784/99, *verbis*:

Art. 53, lei 9.784/99. A Administração **deve** anular seus próprios atos, quando eivados de vício de legalidade, e pode revogá-los por motivo de conveniência ou oportunidade, respeitados os direitos adquiridos.

A aplicação do princípio retromencionado é ratificada pelos enunciados de Súmula 346 e 473, ambos do Supremo Tribunal Federal, que ora transcrevemos:

Enunciado 346. A administração pública **pode** declarar a nulidade dos seus próprios atos.

Enunciado 473. A administração **pode** anular seus próprios atos, quando eivados de vícios que os tornam ilegais, porque deles não se originam direitos; ou revogá-los, por motivo de conveniência ou oportunidade, respeitados os direitos adquiridos, e ressalvada, em todos os casos, a apreciação judicial.

Com base em tal entendimento, não há que se falar em não conhecimento da defesa quando esta é apresentada a destempo, cabendo ao órgão julgador a análise dos requerimentos.

Desta feita, superada a questão da tempestividade, passa-se à análise do mérito.

b) Legitimidade

A legitimidade concerne à pertinência subjetiva, ou melhor, indica quem está apto a apresentar a defesa/recurso cabíveis no âmbito do processo administrativo punitivo de trânsito.

Pode-se dizer que são legitimados aqueles que têm interesse na providência que constitui objeto do processo administrativo[79].

Se o notificado não demonstrar a presença do interesse, o processo administrativo será arquivado. Dessa forma, o pedido não será conhecido.

---

[79] CARVALHO FILHO, José dos Santos. Comentários à lei 9.784/99. São Paulo: Atlas, 2013, pg. 107.

Destarte, são legitimadas as pessoas físicas ou jurídicas proprietárias do veículo, o condutor identificado, o embarcador e o transportador **responsável pela infração**[80].

> Resolução 900/2022, CONTRAN, art. 2º. É parte legítima para apresentar defesa de autuação ou recurso em 1ª e 2ª instâncias contra a imposição de penalidade de multa a pessoa física ou jurídica proprietária do veículo, o condutor, devidamente identificado, o embarcador e o transportador, responsável pela infração.

Sobre a responsabilidade do embarcador e transportador, dispõe o art. 257, §§ 4º e 6º:

> § 4º. O embarcador é responsável pela infração relativa ao transporte de carga com excesso de peso nos eixos ou no peso bruto total, quando simultaneamente for o único remetente da carga e o peso declarado na nota fiscal, fatura ou manifesto for inferior àquele aferido.
>
> § 6º O transportador e o embarcador são solidariamente responsáveis pela infração relativa ao excesso de peso bruto total, se o peso declarado na nota fiscal, fatura ou manifesto for superior ao limite legal.

Em ambos os casos retromencionados, considera-se embarcador o remetente ou expedidor da carga, mesmo se o frete for a pagar (Resolução 900/2022, CONTRAN, art. 2º, §1º).

---

[80] Tratamos, linhas atrás, sobre a divisão da responsabilidade levando-se em consideração o tipo de infração cometida, motivo pelo qual deixaremos de analisar neste momento.

Malgrado a omissão legal, mas levando-se em consideração o princípio da isonomia, assim como o fato de serem titulares de direito e obrigações, imperativo reconhecer-se a legitimidade das pessoas formais e dos entes despersonalizados. Nesse sentido, autorizada doutrina:

> Em que pese a omissão da lei, é de considerar-se, numa interpretação das legitimações, que, ao lado delas, possam ser legitimados também as denominadas pessoas formais e os órgãos despersonalizados com reconhecida personalidade judiciária. Com efeito, no processo judicial a capacidade processual *"consiste na aptidão de participar da relação processual, em nome próprio ou alheio"* e essa aptidão, embora atribuída em regra a pessoas, é também outorgada a certos conglomerados jurídico-econômicos despojados de personalidade jurídica, como é o caso da massa falida, do espólio, das sociedades irregulares e do condomínio. São pessoas formais, porque, embora despojados de personalidade jurídica, ocupam sob o aspecto formal, a mesma posição de partes atribuída às pessoas jurídicas materiais[81].

Vale frisar que o notificado pode ser representado por procurador legalmente habilitado (advogado) ou qualquer outra pessoa capaz[82], mediante apresentação de procuração com poderes para tanto (Resolução 900/2022, CONTRAN, art. 2º, §2º).

---

[81] CARVALHO FILHO, José dos Santos. Comentários à lei 9.784/99. São Paulo: Atlas, 2013, pg. 109.
[82] Art. 10, lei 9.784/99. São capazes, para fins de processo administrativo, os maiores de dezoito anos, ressalvada previsão especial em ato normativo próprio.

Capacidade é a aptidão jurídica que tem o indivíduo de se conduzir por si próprio, sem interferência de terceira pessoa[83].

A defesa não será conhecida (quer dizer, não será analisada) se o notificado deixar de apresentar a procuração no momento da protocolização.

c) Existência de pedido compatível com a situação fática

O pedido é manifestação de uma pretensão. É a providência que o requerente pretende obter em face da administração pública. Recorde-se o que foi dito sobre a fundamentação jurídica.

A inexistência de pedido ou quando este é incompatível com a situação fática (ou seja, o relato apresentado quando expostos os fatos não tem coerência como o pedido formulado) não há preenchimento do requisito aqui estudado.

d) Assinatura do recorrente ou seu representante legal

---

[83] CARVALHO FILHO, José dos Santos. Comentários à lei 9.784/99. São Paulo: Atlas, 2013, pg. 113.

Requisito importante para que seja verificada a legitimidade.

Ausentes quaisquer dos requisitos tem-se "juízo de admissibilidade" negativo, dando azo ao não conhecimento da defesa/recurso, que será arquivado.

OBSERVAÇÃO: Não é necessário o pagamento da multa para apresentação da defesa/ recursa, tendo sido revogado o art. 288, §2º, do CTB, que previa esse requisito.

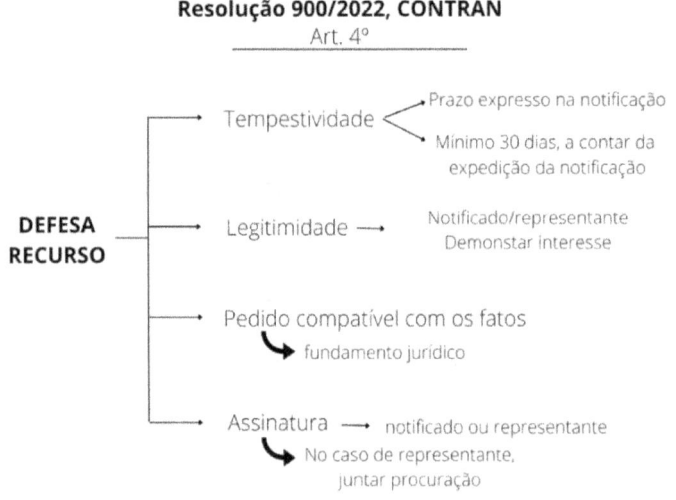

6.13. DA PRODUÇÃO DE PROVAS

O maior entrave dos recorrentes, em se tratando de defesa de multa de trânsito, é a reunião de conteúdo probatório suficiente para ilidir as afirmações lançadas pelos agentes da autoridade de trânsito no AIT.

6.13.1. Do direito fundamental à prova

Preceitua o art. 5º, LVI, da Constituição da República que "são inadmissíveis, no processo, as provas obtidas por meios ilícitos". A *contrario sensu*, extrai-se que são admissíveis todas as provas licitamente[84] produzidas.

É possível concluirmos que existe verdadeiro direito fundamental à prova, uma vez que se busca, através do processo, a "verdade", sob pena de cometimento de injustiças.

> ... É necessariamente injusta a decisão baseada em falsa verificação das alegações de fato no processo... A prova visa à apuração da veracidade das alegações de fato... Como a verdade é ao mesmo tempo relativa e objetiva, só pode ser compreendida – dentro e fora do processo – partindo-se da ideia de maior probabilidade lógica possível[85].

---

[84] São ilícitas as provas obtidas em violação a normas constitucionais e legais (art. 157, CPP).
[85] Sarlet, Ingo Wolfgang; Mitidiero, Daniel; Marinoni, Luiz Guilherme. Curso de Direito Constitucional. Ed. 9. São Paulo: Saraiva Educação, 2020. p. 875-876.

A admissão de determinada prova tem como requisitos objetivos: fato controverso, pertinente e relevante. Há controvérsia quando existentes duas ou mais versões sobre o fato. Pertinente, quando relacionado ao mérito. Relevante, quando capaz de encaminhar à "verdade"[86].

O art. 38, §2º, da lei 9.784 diz que são inadmissíveis as provas ilícitas, impertinentes, desnecessárias ou protelatórias[87].

Preenchidos os requisitos, é obrigatória a admissão da prova.

O direito fundamental à prova faz com seja admitida a produção de provas atípicas[88], conforme norma extraída do art. 369 do Código de Processo Civil:

---

[86] Sarlet, Ingo Wolfgang; Mitidiero, Daniel; Marinoni, Luiz Guilherme. Curso de Direito Constitucional. Ed. 9. São Paulo: Saraiva Educação, 2020. p. 876.

[87] Lei 9.784/99, art. 38. O interessado poderá, na fase instrutória e antes da tomada da decisão, juntar documentos e pareceres, requerer diligências e perícias, bem como aduzir alegações referentes à matéria objeto do processo.

§ 2º Somente poderão ser recusadas, mediante decisão fundamentada, as provas propostas pelos interessados quando sejam ilícitas, impertinentes, desnecessárias ou protelatórias.

[88] São típicas as provas expressamente previstas na lei. De outro lado,

Art. 369. As partes têm o direito de empregar todos os meios legais, bem como os moralmente legítimos, ainda que não especificados neste Código, para provar a verdade dos fatos em que se funda o pedido ou a defesa e influir eficazmente na convicção do juiz.

6.13.2. Do ônus probandi

Autorizada doutrina sustenta que vige no processo administrativo as mesmas regras aplicáveis ao processo civil, vale evidenciar, o interessado tem o dever de comprovar as alegações que tenha suscitado.

> Vigora para o processo administrativo o mesmo princípio adotado no processo civil no que toca ao ônus da prova: cabe ao interessado o ônus da prova em relação às alegações que tenha apresentado[89].

Contudo, como já estudado, a presunção relativa de legitimidade/veracidade dos atos administrativos faz com que, em tese, o ônus da prova seja somente do recorrente, tese da qual discordamos com veemência, dado que, em diversas situações, o administrado é obrigado a produzir prova negativa, o que se mostra impossível.

---

são atípicas as provas não elencadas na lei, mas que são admitidas, se não forem ilícitas.
[89] CARVALHO FILHO, José dos Santos. Comentários à lei 9.784/99. São Paulo: Atlas, 2013, pg. 197.

Destaque-se, não obstante, que a presunção de veracidade não desonera a administração do compromisso de eliminar a ocorrência do fato tal qual alegada pelo requerente (proprietário-condutor).

...o ônus atribuído ao interessado de provar suas alegações não exime a administração do dever de providenciar a comprovação de outros fatos que, de algum modo, contravenham aos que o interessado alegou, ou até mesmo que os confirmem[90].

Em tese, a administração precisa ser imparcial, tendo como objetivo a busca da solução correta, ainda que contrária à própria administração.

Explica-se: indubitável que a aplicação de multa é favorável à administração, visto que o valor, em última análise, é instrumento para consecução das políticas públicas. No entanto, verificados equívocos capazes de anular o AIT ou quaisquer outros elementos que maculem o processo, não resta opção que não seja o reconhecimento da nulidade e arquivamento do feito.

Ainda que a prova produzida pelo requerente seja insatisfatória, cabe ao órgão julgador buscar a solução justa, correta, preenchendo as lacunas eventualmente existentes.

---

[90] CARVALHO FILHO, José dos Santos. Comentários à lei 9.784/99. São Paulo: Atlas, 2013, pg. 198.

Caso seja insuficiente a comprovação apresentada pelo interessado, o órgão administrativo não terá mesmo outra alternativa senão a de procurar novos elementos que sirvam para confirmar ou desmentir a prova produzida. Há para a administração, por conseguinte, implícito dever de fiscalizar os elementos probatórios de modo que possa chegar à correta decisão no processo[91].

A busca pelo justo desfecho exige que a administração solicite documentos em posse do requerente e que sejam capazes de elucidar os fatos.

> Resolução 900/2022, CONTRAN, art. 9º. O órgão ou entidade de trânsito e os órgãos recursais poderão solicitar ao requerente que apresente documentos ou outras provas admitidas em direito, definindo prazo para sua apresentação.
>
> Parágrafo único. Caso não seja atendida a solicitação citada no caput deste artigo será a defesa ou recurso analisado e julgado no estado que se encontra.

Nos casos de documentos que estejam na posse da administração, seja do órgão no qual tramita o processo ou outro órgão da administração, compete ao referido órgão juntá-lo ao processo ou expedir ofício para o órgão detentor do documento, a fim de que o forneça para instruir o processo. Não sendo adotado tal procedimento *ex officio*, o requerente pode se solicitar que tal providência seja adotada.

---

[91] CARVALHO FILHO, José dos Santos. Comentários à lei 9.784/99. São Paulo: Atlas, 2013, pg. 199.

Resolução 900/2022, CONTRAN, art. 10. O órgão ou entidade de trânsito ou os órgãos recursais deverão suprir eventual ausência de informação ou documento, quando disponível.

Lei 9.784/99. Art. 37. Quando o interessado declarar que fatos e dados estão registrados em documentos existentes na própria Administração responsável pelo processo ou em outro órgão administrativo, o órgão competente para a instrução proverá, de ofício, à obtenção dos documentos ou das respectivas cópias.

Evidencia-se, nesse caso, que há exclusão do ônus da prova em relação ao requerente (inverte-se o ônus da prova).

A inércia do órgão quanto à obtenção dos documentos pode ocasionar representação contra o abuso por omissão.

De outra parte, não pode o requerimento de documentos constituir-se em meio procrastinatório do processo. Assim, cabe ao administrado fundamentar seu requerimento, especificando o objeto e finalidade a que e destina.

No caso de órgão diverso daquele em que tramita o processo, o próprio requerente pode solicitar os documentos. Nesse caso, deve juntar ao processo cópia do comprovante de requerimento e pleitear sua suspensão.

6.13.3. Meios de prova

Já alinhavamos que a regra é a admissão de todos os meios de prova, desde que sejam pertinentes, relevantes e versem sobre fatos controversos. Ademais, são inadmissíveis provas produzidas ilicitamente.

> Lei 9.784/99, art. 38. O interessado poderá, na fase instrutória e antes da tomada da decisão, juntar documentos e pareceres, requerer diligências e perícias, bem como aduzir alegações referentes à matéria objeto do processo.
>
> Na noção de pareceres deve incluir-se também eventuais laudos técnicos, que são peças específicas em que o profissional capacitado opina ou conclui sobre determinado assunto. A lei referiu-se apenas à possibilidade de requerer perícias, mas é de se entender que, se a perícia já foi realizada e dela se originou o respectivo laudo técnico, poderá este ser acostado aos autos como elemento de convicção para a solução do processo[92].

Em que pese a lei do processo administrativo admitir a ampla produção probatória, inclusive com realização de perícias, na prática somente são aceitas provas documentais[93].

---

[92] CARVALHO FILHO, José dos Santos. Comentários à lei 9.784/99. São Paulo: Atlas, 2013, pg. 200.
[93] Entendemos que tal entendimento precisa ser amplamente debatido pelos requerentes, tendo em vista que tal prática representa injustificável cerceamento do direito de defesa.

Assim sendo, a **prova documental** constitui o principal meio de prova no processo administrativo de trânsito.

De fundamental importância, repetimos à exaustão, é a análise do auto de infração, demonstrando suas irregularidades.

Nas fichas do Manual Brasileiro de Fiscalização de trânsito referente ao cada infração é possível verificar os requisitos específicos que devem ser observados.

> EXEMPLO: para os casos de avanço de sinal, o manual apresenta quais partes do veículo e do semáforo devem estar visíveis na captura da imagem em que flagrada a infração.

Logo, imprescindível que o recorrente solicite ao órgão autuador a microfilmagem. A discrepância nas características do veículo também gera a nulidade do auto de infração.

O CTB apresenta como instrumento probatório a **solicitação de informações**, como se vê no art. 17, II, segundo o qual:

> Art. 17. Compete às JARI:
>
> II. solicitar aos órgãos e entidades executivos de trânsito e executivos rodoviários informações complementares

relativas aos recursos, objetivando uma melhor análise da situação recorrida.

Malgrado o dispositivo restrinja-se à JARI, o requerimento pode ser direcionado aos demais órgãos componentes do Sistema Nacional de Trânsito. Não havendo solicitação de ofício, compete ao requerente solicitar ao órgão julgador que proceda ao envio do ofício.

No mesmo sentido o art. 37, da Lei 9.784/99.

É possível, como já afirmado, que o próprio requerente ou seu representante faça o requerimento diretamente ao órgão que prestará as informações necessárias. Nesse caso, solicita-se a suspensão do julgamento até que o órgão forneça as informações. Para a concessão da suspensão é preciso comprovar a solicitação mediante a juntada do respectivo protocolo.

> A título de exemplo, imagine o caso de um motorista multado por parar na faixa de pedestre ou por avanço de sinal vermelho, sendo certo que momento estava, conforme determina a lei, "abrindo passagem" para uma ambulância passar.
>
> Neste caso, é certo que o aparelho também registrou a passagem da ambulância pelo sinal vermelho. O condutor pode solicitar em seu recurso que seja analisado se naquele dia, no horário específico, foi constatada a passagem da ambulância.

No caso de o órgão não ser pertencente ao SNT, o próprio condutor ou seu representante legal devem fazer a solicitação. Como já foi dito, o administrado solicita as informações para o órgão responsável e pede a suspensão do julgamento junto ao órgão julgador, mediante apresentação do protocolo, repita-se à exaustão.

O direito de requerer as solicitações nos casos de órgãos não pertencentes ao SNT está previsto no art. 5º, XXXIII e XXXIV, da CF:

> Art. 5º. XXXIII. todos têm direito a receber dos órgãos públicos informações de seu interesse particular, ou de interesse coletivo ou geral, que serão prestadas no prazo da lei, sob pena de responsabilidade, ressalvadas aquelas cujo sigilo seja imprescindível à segurança da sociedade e do Estado.
>
> XXXIV. são a todos assegurados, independentemente do pagamento de taxas:
>
> a) o direito de petição aos Poderes Públicos em defesa de direitos ou contra ilegalidade ou abuso de poder;
>
> b) a obtenção de certidões em repartições públicas, para defesa de direitos e esclarecimento de situações de interesse pessoal.

O inciso XXXIII é regulamentado pela Lei 12.527/11 (Lei de Acesso à Informação).

A Lei de n. 9051/95 esclarece que as certidões deverão ser expedidas no prazo improrrogável de quinze dias, contado do registro do pedido no órgão expedidor.

> Lei 9.051/95, art. 1º. As certidões para a defesa de direitos e esclarecimentos de situações, requeridas aos órgãos da administração centralizada ou autárquica, às empresas públicas, às sociedades de economia mista e às fundações públicas da União, dos Estados, do Distrito Federal e dos Municípios, deverão ser expedidas no **prazo improrrogável de quinze dias**, contado do registro do pedido no órgão expedidor.
>
> Art. 2º. Nos requerimentos que objetivam a obtenção das certidões a que se refere esta lei, **deverão os interessados fazer constar esclarecimentos relativos aos fins e razões do pedido**.

Recorde-se que o órgão ou entidade de trânsito ou os órgãos recursais que estiverem julgando o caso deverão suprir eventual ausência de informação ou documento, quando disponível (Resolução CONTRAN 900/2022, art. 10).

> Art. 285, §4º. Na apresentação de defesa ou recurso, em qualquer fase do processo, para efeitos de admissibilidade, não serão exigidos documentos ou cópia de documentos emitidos pelo órgão responsável pela autuação.

Para saber mais sobre a troca de informações entre os órgãos executivos de trânsito, consulte a Resolução 576/16, do CONTRAN.

Os órgãos de trânsito negam a produção de **prova testemunhal**, sob a alegação de que as provas somente podem ser produzidas de forma escrita/documental. A recusa, todavia, representa indevido cerceamento de defesa.

Ainda que não haja previsão dos meios de provas que devem ser utilizados, a Resolução 900/2022, em seu art. 9º, admite que a entidade de trânsito solicite apresentação de documentos ou **outras provas admitidas em direito**, estando incluída, por óbvio, a testemunhal.

Há jurisprudência favorável à possibilidade de produção de prova testemunhal:

> AGRAVO. PROCESSO ADMINISTRATIVO SANCIONADOR. PROVA TESTEMUNHAL. TRÂNSITO.
>
> 1. O direito à defesa no processo administrativo sancionador, orientado pelo princípio da verdade material, compreende o de produzir provas, inclusive testemunhal, desde que útil e adequada ao objeto.
>
> 2. Viola o direito de defesa vedar a produção de prova testemunhal sem apreciar sua utilidade e adequação.
>
> 3. Em princípio, afigura-se útil a prova testemunhal que pretende ilidir a imputação de infração pelo agente de trânsito a partir da sua constatação *ictu oculi*. Recurso desprovido. Voto vencido (Agravo; Vigésima Segunda Câmara Cível; Nº 70047126461; Comarca de Porto Alegre;

AGRAVANTE: EMPRESA PÚBLICA DE TRANSPORTE E CIRCULAÇÃO; AGRAVADO: FELIPE REGERT).

Pelos mesmos motivos acima expendidos, entendemos que a depender de sua utilidade para o processo, que deve ser devidamente fundamentada pela parte requerente, é possível a realização de **depoimento pessoal do condutor**.

Sendo certo que admissível a produção de provas atípicas, vale ressaltar interessante caso no qual o condutor utilizou o Google para infirmar as alegações do órgão autuador. Tratava-se de autuação por estacionar em local indevido:

> Ementa. Apelação cível. Direito administrativo. Infração de trânsito. Cancelamento de penalidade. Mérito administrativo. Superação do paradigma da insindicabilidade do ato administrativo discricionário. Controle de juridicidade. Incidência dos parâmetros de razoabilidade e proporcionalidade. Caso concreto a revelar inconsistência no Auto de Infração lavrado em desfavor da parte autora. O julgador deve se valer de todos os recursos que estejam à sua disposição na busca da verdade, sendo certo que o magistrado moderno tem acesso a instrumentos tecnológicos que, usados com prudência e razoabilidade, lhe permitem comparecer a determinados locais no mundo físico sem sequer precisar sair de seu gabinete. Utilização das plataformas Google Street View e Google Maps como forma de efetivar a norma contida no art. 442, I do CPC (art. 483, I do NCPC). Presunção de legalidade do ato administrativo que se afasta. Constatação de que a situação exarada no Auto de Infração discrepa da realidade dos fatos. Cancelamento da penalidade e da pontuação negativa lançada na CNH. Veículo que não estava estacionado a

menos de 5 metros da transversal, tendo em vista que o local apontado como referência está localizado a estimados 55 metros da esquina. Reparação de danos. Responsabilidade civil estatal valorada sob a ótica da teoria do risco administrativo. Fato administrativo, dano e nexo causal verificados na espécie. Dano in re ipsa. Compensação arbitrada no valor de R$10.000,00, observada a lógica do razoável e os parâmetros da proporcionalidade. Provimento parcial do recurso, com fundamento no art. 557, § 1º-A do CPC (AGRAVO INTERNO NA APELAÇÃO CÍVEL No 0029580-87.2011.8.19.0001 AGRAVANTE1 : MUNICÍPIO DO RIO DE JANEIRO AGRAVANTE2 : DEPARTAMENTO DE TRÂNSITO DO ESTADO DO RIO DE JANEIRO – DETRAN/RJ AGRAVADO : JOÃO CARLOS TEIXEIRA DA SILVA RELATOR : DES. PAULO SÉRGIO PRESTES DOS SANTOS).

Na situação acima, a prova foi utilizada em processo judicial, mas nada impede que seja produzida administrativamente.

Não é possível esgotar, neste material, as possibilidades de provas a serem produzidas, uma vez que depende de infração para infração e precisa estar baseado no enquadramento feito pelo órgão autuador. Todavia, a observação apurada das fichas do manual de trânsito possibilitará identificar os elementos a serem debatidos na defesa/recurso.

IMPRESCINDÍVEL: O julgador, no momento de sua decisão, tem liberdade para valorar o conjunto probatório, porém, no caso de indeferimento, deve apresentar os motivos, sob pena de nulidade. É o chamado livre convencimento motivado/persuasão racional.

Lei 9.784/99, art. 38, §1º. Os elementos probatórios deverão ser considerados na motivação do relatório e da decisão.

6.14. DO JULGAMENTO

Art. 282, 1ª parte. Caso a defesa prévia seja indeferida ou não seja apresentada no prazo estabelecido, será aplicada a penalidade...

Preenchidos os requisitos elencados anteriormente, a defesa será conhecida e a autoridade procederá ao julgamento do feito.

Se os fundamentos, devidamente comprovados pelo requerente forem acolhidos, os pedidos serão julgados procedentes. Caso contrário, teremos a improcedência.

Primordial, no caso de improcedência/indeferimento, que a decisão seja devidamente motivada, sob pena de nulidade.

Ademais, diante da improcedência, deve o proprietário/infrator ser notificado (notificação da penalidade) para que, querendo, possa interpor recurso.

Art. 282, 2ª parte. ...será aplicada a penalidade e expedida notificação ao proprietário do veículo ou ao infrator, por remessa postal ou por qualquer outro meio tecnológico hábil que assegure a ciência da imposição da penalidade.

ATENÇÃO: O requerente pode desistir, por escrito, da defesa ou recurso apresentado, até a realização do julgamento.

6.15. DA NOTIFICAÇÃO DA PENALIDADE (NP)

Resolução CONTRAN 918/2022, art. 2º, III. notificação de penalidade: é o procedimento que dá ciência da imposição de penalidade bem como indica o valor da cobrança da multa de trânsito.

Acolhida a defesa, o auto de infração será cancelado, seu registro arquivado e a autoridade de trânsito comunicará o fato ao proprietário do veículo (Resolução 918/2022, art. 9º, §1º).

Em caso de indeferimento, necessário que seja expedida a notificação da penalidade, devendo ser observados os seguintes prazos:

i. No caso de a penalidade ser multa ou advertência por escrito: quando não apresentada a defesa ou no caso de esta ser apresentada a destempo, o prazo é de 180 dias contados da data do cometimento da infração.

Se a defesa for apresentada tempestivamente, o prazo é de 360 dias da data da infração (Resolução 918/2022, art. 9º, §§2º e 3º c/c art. 282, I, CTB).

ii. No caso de a penalidade ser suspensão do direito de dirigir, cassação da Carteira Nacional de Habilitação, cassação da Permissão para Dirigir ou frequência obrigatória em curso de reciclagem, os prazos (180 dias no caso de não apresentação ou apresentação intempestiva e 360 dias quando apresentada defesa tempestivamente), a contagem se dá a partir da conclusão do processo administrativo da penalidade que lhe deu causa (art. 282, §6º, II, CTB).

Para as autuações em que a penalidade seja advertência por escrito ou multa (art. 256, I e II, CTB) e **não haja flagrante**, o prazo será contado da data do **conhecimento da infração** pelo órgão de trânsito responsável pela aplicação da penalidade (art. 282, §6º-A, CTB).

O descumprimento dos prazos implicará a **decadência** do direito de aplicar a respectiva penalidade (art. 282, §7º, CTB).

A notificação da penalidade deve conter (Resolução 918/2022, art. 12):

i. os dados mínimos definidos no art. 280 do CTB e em regulamentação específica;

ii. a comunicação do não acolhimento da defesa da autuação ou da solicitação de aplicação da penalidade de advertência por escrito;

iii. o valor da multa e a informação quanto ao desconto previsto no art. 284 do CTB;

> Art. 284. O pagamento da multa poderá ser efetuado até a data do vencimento expressa na notificação, por oitenta por cento do seu valor.
>
> Ou seja: com 20% de desconto.
>
> Não havendo pagamento no prazo estipulado e sendo a defesa indeferida, o requerente perde direito ao desconto.
>
> Já salientamos que o pagamento da multa é obrigatório para licenciar o veículo, bem como para a transferência da propriedade do veículo. Da mesma forma, deve haver o pagamento quando o veículo é removido ao depósito.

iv. data do término para apresentação de recurso, que será a mesma data para pagamento da multa, conforme §§ 4º e 5º do art. 282 do CTB;

> Art. 282, § 4º. Da notificação deverá constar a data do **término do prazo para apresentação de recurso** pelo responsável pela infração, que **não será inferior a trinta dias** contados da data da notificação da penalidade.
>
> § 5º No caso de penalidade de multa, a data estabelecida no parágrafo anterior será a data para o recolhimento de seu valor.

Será idêntica a data final para apresentação do recurso e para o pagamento da multa com desconto de 20%.

v. campo para a autenticação eletrônica, regulamentado pelo SENATRAN;

vi. instruções para apresentação de recurso, nos termos dos arts. 286 e 287 do CTB.

> Art. 286. O recurso contra a imposição de multa poderá ser interposto no prazo legal, sem o recolhimento do seu valor.
>
> § 1º No caso de não provimento do recurso, aplicar-se-á o estabelecido no parágrafo único do art. 284.
>
> O parágrafo único do art. 284 foi revogado. Tinha como redação: Parágrafo único - Não ocorrendo o pagamento da multa no prazo estabelecido, seu valor será atualizado à data do pagamento, pelo mesmo número de UFIR fixado no CTB, art. 258.
>
> § 2º Se o infrator recolher o valor da multa e apresentar recurso, se julgada improcedente a penalidade, ser-lhe-á

devolvida a importância paga, atualizada em UFIR ou por índice legal de correção dos débitos fiscais.

Art. 287. Se a infração for cometida em localidade diversa daquela do licenciamento do veículo, o recurso poderá ser apresentado junto ao órgão ou entidade de trânsito da residência ou domicílio do infrator.

Parágrafo único. A autoridade de trânsito que receber o recurso deverá remetê-lo, de pronto, à autoridade que impôs a penalidade acompanhado das cópias dos prontuários necessários ao julgamento.

Recorde-se o que foi dito em relação à necessidade de dupla notificação (Enunciado de Súmula 312, STJ). Vale frisar uma vez mais que, conforme exposto, existe o momento específico para cada ato processual. As notificações não podem ser remetidas simultaneamente – é comum que o órgão executivo envie a notificação da autuação junto com a notificação da penalidade-. Tal atitude representa violação ao devido processo legal, por cerceamento de defesa. Torna o processo nulo.

Tal como ocorre com a notificação da autuação, esgotadas as possibilidades de notificação do infrator ou do proprietário as notificações podem ser realizadas por meio de edital.

IMPORTANTE: A fim de evitar repetições, procuramos apresentar neste tópico somente as informações peculiares ao tema notificação da penalidade. Tudo o que foi dito sobre notificação da autuação é aplicável aqui.

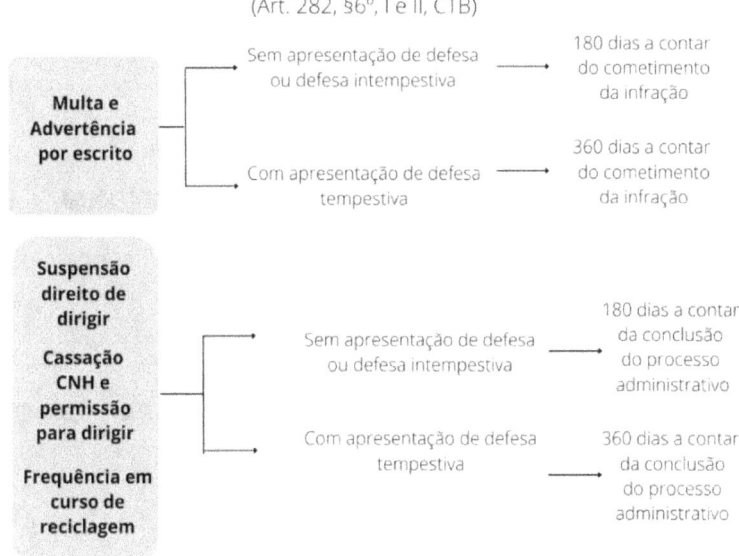

* Sempre é possível utilizar o princípio da autotutela a fim de ver os requerimentos analisados.
* É possível pagar multa com 40% de desconto, desde que aderente ao Sistema de Notificação Eletrônica e que haja desistência em relação à apresentação de defesa/recurso.
* Até o vencimento, que coincide com a data para apresentar recurso à JARI, o desconto é de 20%. Neste caso, não há impedimento à utilização dos recursos.
* No caso de multa e advertência por escrito, quando não houver flagrante, o prazo será contado da data do conhecimento da infração pelo órgão de trânsito responsável pela aplicação da penalidade

6.15.1. Das penalidades a serem aplicadas

As penalidades possíveis de serem aplicadas estão previstas no art. 256 do CTB[94], a saber:

ADVERTÊNCIA POR ESCRITO: trata-se de penalidade que tem por objetivo substituir a pena pecuniária. Sua aplicação está condicionada ao preenchimento dos requisitos do art. 267, conforme já estudado.

SUSPENSÃO DO DIREITO DE DIRIGIR: tal penalidade consiste na suspensão da licença para condução de veículos automotores.

CASSAÇÃO DA CARTEIRA NACIONAL DE HABILITAÇÃO: retirada definitiva da licença para condução de veículos automotores.

CASSAÇÃO DA PERMISSÃO PARA DIRIGIR: cancelamento da habilitação provisória.

FREQUÊNCIA OBRIGATÓRIA A CURSO DE RECICLAGEM: função educativa. Consiste na

---

[94] Art. 256. A autoridade de trânsito, na esfera das competências estabelecidas neste Código e dentro de sua circunscrição, deverá aplicar, às infrações nele previstas, as seguintes penalidades:
I. advertência por escrito;
II. multa;
III. suspensão do direito de dirigir;
IV. (Revogado pela Lei nº 13.281, de 2016);
V. cassação da Carteira Nacional de Habilitação;
VI. cassação da Permissão para Dirigir;
VII. frequência obrigatória em curso de reciclagem.

obrigatoriedade de participar de treinamento teórico, quando demonstrada necessidade de requalificação.

>Art. 268, CTB. O infrator será submetido a curso de reciclagem, na forma estabelecida pelo CONTRAN:
>
>I. (revogado);
>
>II. quando suspenso do direito de dirigir;
>
>III. quando se envolver em acidente grave para o qual haja contribuído, independentemente de processo judicial;
>
>IV. quando condenado judicialmente por delito de trânsito;
>
>V. a qualquer tempo, se for constatado que o condutor está colocando em risco a segurança do trânsito;
>
>VI. (revogado).
>
>Parágrafo único. Além do curso de reciclagem previsto no caput deste artigo, o infrator será submetido à avaliação psicológica nos casos dos incisos III, IV e V do caput deste artigo.

MULTA: penalidade pecuniária. O pagamento não significa renúncia ao direito de recorrer. Caso seja deferido o pedido, o órgão é obrigado a fazer a devolução do valor pago com as devidas correções. Também não é exigido o pagamento da multa para recorrer.

O pagamento da multa é de responsabilidade do proprietário do veículo, ainda quando há indicação do real infrator.

Resolução 108, CONTRAN. Art.1º. Fica estabelecido que o proprietário do veículo será sempre responsável pelo pagamento da penalidade de multa, independente da infração cometida, até mesmo quando o condutor for indicado como condutor-infrator nos termos da lei, não devendo ser registrado ou licenciado o veículo sem que o seu proprietário efetue o pagamento do débito de multas, excetuando-se as infrações resultantes de excesso de peso que obedecem ao determinado no art. 257 e parágrafos do Código de Trânsito Brasileiro.

A pontuação será atribuída ao condutor identificado responsável pelo cometimento da infração.

Art. 259, § 4º. Ao condutor identificado será atribuída pontuação pelas infrações de sua responsabilidade, nos termos previstos no § 3º do art. 257 deste Código, exceto aquelas:

I. praticadas por passageiros usuários do serviço de transporte rodoviário de passageiros em viagens de longa distância transitando em rodovias com a utilização de ônibus, em linhas regulares intermunicipal, interestadual, internacional e aquelas em viagem de longa distância por fretamento e turismo ou de qualquer modalidade, excluídas as situações regulamentadas pelo Contran conforme disposto no art. 65 deste Código;

II. previstas no art. 221, nos incisos VII e XXI do art. 230 e nos arts. 232, 233, 233-A, 240 e 241 deste Código, sem prejuízo da aplicação das penalidades e medidas administrativas cabíveis;

III. puníveis de forma específica com suspensão do direito de dirigir.

A data de vencimento para pagamento da multa é idêntico ao prazo final para apresentação do recurso em 1ª instância (art. 282, §4º, CTB).

As infrações cuja penalidade seja aplicação de multa são classificadas de acordo com sua gravidade[95]:

INFRAÇÃO DE NATUREZA GRAVÍSSIMA: multa de R$ 293,47 (duzentos e noventa e três reais e quarenta e sete centavos). Cômputo de 7 pontos.

INFRAÇÃO DE NATUREZA GRAVE: multa de R$ 195,23 (cento e noventa e cinco reais e vinte e três centavos). Cômputo de 5 pontos.

INFRAÇÃO DE NATUREZA MÉDIA: multa de R$ 130,16 (cento e trinta reais e dezesseis centavos). Cômputo de 4 pontos.

INFRAÇÃO DE NATUREZA LEVE: multa de R$ 88,38 (oitenta e oito reais e trinta e oito centavos). Cômputo de 3 pontos.

---

[95] Arts. 258 e 259 do CTB.

Quando a multa for agravada, o fator multiplicador é o que consta na tabela de valores acima.

Exemplo: O art. 165 do CTB (dirigir alcoolizado) é infração gravíssima, com aplicação de multa 10x. Pela tabela, temos R$ 293,47 x 10 = R$ 2.934,70.

Encerrada a instância administrativa de julgamento de infrações e penalidades, a multa não paga até o vencimento será acrescida de juros de mora equivalentes à taxa referencial do Sistema Especial de Liquidação e de Custódia (Selic) para títulos federais acumulada mensalmente, calculados a partir do mês subsequente ao da consolidação até o mês anterior ao do pagamento, e de 1% (um por cento) relativamente ao mês em que o pagamento estiver sendo efetuado (art. 284, §4º. CTB).

6.16. DO RECURSO EM 1ª INSTÂNCIA - JARI

> Resolução 918/2022, art. 15. Aplicadas as penalidades de que trata esta Resolução, caberá recurso em primeira instância na forma dos artigos 285, 286 e 287 do CTB, que serão julgados pelas JARI que funcionam junto ao órgão autuador, respeitado o disposto no § 2º do art. 11.

Em relação à JARI (Junta Administrativa de Recursos de Infrações), já tratamos do assunto quando estudamos a composição do Sistema Nacional de Trânsito. Neste tópico, a analisaremos exclusivamente como órgão julgador-revisor das decisões prolatadas quando da análise da defesa da autuação.

Assim, apreciada a defesa prévia/da autuação, procedente ou improcedente, surge, para o sucumbente, o direito de interpor o recurso de 1ª instância que, repetimos, será apreciada pela JARI.

A notificação da penalidade deve indicar o **prazo para interposição do recurso**, que deverá ser de, **no mínimo, 30 dias** (art. 282, §4º, CTB).

É importante observar a data de expedição da notificação para que seja verificado se houve escoamento do prazo decadencial, bem como se foi concedido o prazo mínimo de 30 dias para apresentação do recurso.

O recurso será interposto perante a autoridade que aplicou a penalidade, que terá o prazo de 10 dias para reconsiderar a decisão, findo o qual deverá remeter o recurso á JARI responsável pelo julgamento, se tempestivo (art. 285, *caput* e §2º, CTB).

Reza o art. 285, §5º, do CTB, que o recurso intempestivo será arquivado, entendimento que não deve prevalecer em vista do princípio da autotutela já estudado.

Se o recurso for interposto perante órgão incompetente, é necessário que seja indicado ao recorrente a autoridade competente, com devolução do prazo apresentação do recurso, regra que vale tanto para o recurso de 1ª instância quanto para o de 2ª instância[96].

Uma vez que a decisão vergastada contrariar enunciado de Súmula Vinculante, a autoridade prolatora da decisão, se não mudar seu entendimento, deverá, antes de remeter os autos para a autoridade superior, explicar os motivos pelos quais aplicou ou deixou de aplicar o enunciado.

---

[96] Lei 9.784, art. 63. O recurso não será conhecido quando interposto: II. perante órgão incompetente.
§ 1º Na hipótese do inciso II, será indicada ao recorrente a autoridade competente, sendo-lhe devolvido o prazo para recurso.

Lei 9.784, art. 56, §3º. Se o recorrente alegar que a decisão administrativa contraria enunciado da súmula vinculante, caberá à autoridade prolatora da decisão impugnada, se não a reconsiderar, explicitar, antes de encaminhar o recurso à autoridade superior, as razões da aplicabilidade ou inaplicabilidade da súmula, conforme o caso.

O recurso deve ser julgado no prazo de 24 meses contado do recebimento do recurso pelo órgão julgador (art. 284, §6º, CTB), sob pena de ocorrência de prescrição da pretensão punitiva (art. 289-A, CTB).

Ademais, o excesso de prazo constitui violação ao princípio da legalidade e do devido processo legal, insculpidos no art. 37 da Carta Magna:

> APELAÇÃO CÍVEL - ADMINISTRATIVO - AÇÃO DE ANULAÇÃO DE MULTA DE TRÂNSITO - INOBSERVÂNCIA, PELA ADMINISTRAÇÃO PÚBLICA, DO PRAZO DE 30 DIAS PARA JULGAR O RECURSO - NULIDADE DA SANÇÃO - AFRONTA AO CONTIDO NO ARTIGO 285 DO CTB E AOS PRINCÍPIOS DA LEGALIDADE E DEVIDO PROCESSO LEGAL. RECURSO DE APELAÇÃO CONHECIDO E NEGADO PROVIMENTO.
>
> A controvérsia constante nos autos restringe-se a possibilidade de ser anulado o auto de infração por ter a JARI excedido o prazo determinado no artigo 285 do CTB de 30 (trinta) dias.
>
> Pois bem, o princípio constitucional da legalidade reza que as condutas da Administração Pública devem estrita observância ao contido na lei ou no ato normativo administrativo. Esse é, inclusive, o instrumento pelo qual se permite ao Poder Público praticar atos que possam ferir interesses dos administrados, pois, sempre que a lei respaldar haverá presunção absoluta do interesse público, e, por outro lado, sempre que não houver lei permitindo determinado ato deverá prevalecer o direito individual.

Assim, a administração pública, ao impor sanção à apelada atenta contra o princípio constitucional da legalidade administrativa - artigo 37, caput, da Constituição Federal, fazendo por merecer a reprimenda de nulidade. Como decorrência do princípio da legalidade, temos o princípio do devido processo legal, visto que, para se impor uma sanção ao administrado será imprescindível que a Administração Pública não apenas cumpra a lei, mas, principalmente, observe o devido processo por ela estabelecido.

Salienta-se ainda, que o apelante, observando que o prazo iria esgotar, deveria ter utilizado o §3º do artigo 285 do CTB, como bem expôs o d. Juízo (fls. 79): "Assim, lembre-se que a multa é uma penalidade, e, neste contexto, deve ser interpretada restritivamente em relação ao administrado/contribuinte. Assim, tenho que não se pode admitir que o prazo para julgamento de recurso administrativo seja deixado ao alvedrio da JARI, diante da inexistência de previsão legal expressa deste prazo, especialmente nos casos em que a suspensão da penalidade em virtude do excesso de prazo sequer foi cogitada pela administração, que poderia fazê-lo de ofício (Código de Trânsito, art. 285, §3º)". (Apelação Cível 786892-0 TJPR; Desembargadora relatora Astrid Maranhão de Carvalho Ruthes; 4ª Câmara Cível; Publicação: 16/12/2011) (Reproduzimos os trechos do acórdão que consideramos relevantes).

MODELO | EXCESSO DE PRAZO PARA JULGAMENTO

ARQUIVAMENTO DO AUTO DE INFRAÇÃO. EXCESSO DE PRAZO PARA JULGAMENTO

Com efeito, o requerente interpôs recurso a esta Junta no dia xx.xx.xxxx, sendo certo que decorreram xx meses sem que o julgamento tenha sido devidamente concluído. Logo, ultrapassado o prazo de 24 meses previsto no art. 284, §6º, do CTB.

Ressalte-se que autorizada jurisprudência aponta, com acerto, que o excesso de prazo configura ofensa aos princípios da legalidade e do devido processo legal, princípios elencados no art. 37 da Carta Magna:

(apresente a decisão acima mencionada ou outra que corrobore a tese apresentada)

Ainda que assim não fosse, o art. 289-A, do CPC determina que o excesso de prazo enseja a ocorrência da prescrição punitiva.

Por todo o exposto, requer a desconsideração das penalidades aplicadas, com consequente arquivamento do feito.

MODELO | MANIFESTAÇÃO INTEMPESTIVA. PRINCÍPIO DA AUTOTUTELA

PRELIMINARMENTE: DA INTEMPESTIVIDADE. APLICAÇÃO DO ENUNCIADO DE SÚMULA 473 DO SUPREMO TRIBUNAL FEDERAL. PRINCÍPIO DA AUTOTUTELA

Preceitua o art. 285, §5º, do CTB, que o recurso interposto intempestivamente será arquivado. Conforme art. 4º, I, da Resolução 900/2022, CONTRAN, a interposição do recurso a destempo faz com que este não seja conhecido/analisado.

Mister salientar, todavia, que a Administração Pública tem o dever de, uma vez verificados vícios em seus atos, proceder à sua revisão/anulação. Neste sentido, o art. 53, da lei do processo administrativo:

Art. 53, lei 9.784/99. A Administração **deve** anular seus próprios atos, quando eivados de vício de legalidade, e pode revogá-los por motivo de conveniência ou oportunidade, respeitados os direitos adquiridos.

No mesmo sentido caminha, de forma acertada, os enunciados de Súmula 346 e 473, do egrégio Supremo Tribunal Federal, que ora reproduzimos:

Enunciado 346. A administração pública **pode** declarar a nulidade dos seus próprios atos.

Enunciado 473. A administração **pode** anular seus próprios atos, quando eivados de vícios que os tornam ilegais, porque deles não se originam direitos; ou revogá-los, por motivo de conveniência ou oportunidade, respeitados os direitos adquiridos, e ressalvada, em todos os casos, a apreciação judicial.

Assim sendo, em que pese a intempestividade do recurso interposto, tal fator não é suficiente para ilidir a necessidade de apreciação dos requerimentos do recorrente.

Ultrapassada a questão da tempestividade, requer-se a remessa dos autos para órgão competente para julgamento, a fim de que seja apreciado o recurso interposto.

Não é exigível preparo (pagamento da multa) como requisito de admissibilidade do recurso (art. 286, CTB).

Consulte as Resoluções 900/2022 e 925/2022 do CONTRAN, bem como as informações referentes à defesa da autuação.

6.17. DO RECURSO EM 2ª INSTÂNCIA | CETRAN – CONTRANDIFE

Resolução 918/2022, art. 16. Das decisões da JARI caberá recurso em segunda instância na forma dos arts. 288 e 289 do CTB.

O recurso em 2ª instância é a última etapa do processo administrativo de trânsito. Frise-se que o recurso administrativo terá no máximo 3 instâncias de julgamento, salvo disposição legal em contrário[97].

Conforme já estudado, o recurso será interposto perante o órgão que imputou a penalidade (art. 285, *caput* e §2º, CTB).

O recorrente tem o prazo de 30 dias para interpor o recurso, que será contado da publicação ou da notificação da decisão (art. 288, CTB).

> Art. 288, § 1º, CTB. O recurso será interposto, da decisão do não provimento, pelo responsável pela infração, e da decisão de provimento, pela autoridade que impôs a penalidade.

---

[97] Lei 9.784, art. 57. O recurso administrativo tramitará no máximo por três instâncias administrativas, salvo disposição legal diversa.

O recurso deve ser apreciado no prazo máximo de 24 meses (art. 289, CTB), sob pena de incidência da prescrição punitiva, nos termos do art. 289-A, do CTB.

Recorde-se que, nos termos do art. 284, §3º, CTB, o recurso possui efeito suspensivo.

Quanto ao julgamento, se a penalidade for imposta por órgão ou entidade da União, o recurso será apreciado por colegiado especial integrado pelo Coordenador-Geral da JARI, pelo Presidente da Junta que apreciou o recurso e por mais um Presidente de Junta (art. 289, I, CTB); nos casos de penalidades impostas por órgãos ou entidades estaduais, municipais ou do Distrito Federal, o julgamento será realizado pelo CETRAN[98] (casos estaduais e municipais) ou CONTRANDIFE[99] (no caso do Distrito Federal) (art. 289, II, CTB)

Consulte a Resolução 900/2022 e 918/2022, do CONTRAN, bem como as informações referentes à defesa da autuação.

---

[98] CETRAN= Conselho Estadual de Trânsito.
[99] CONTRANDIFE= Conselho de Trânsito do Distrito Federal.

IMPORTANTE: A fim de evitar repetições, procuramos apresentar neste tópico somente as informações peculiares ao tema notificação da penalidade. Tudo o que foi dito sobre notificação da autuação é aplicável aqui.

6.18. ENCERRAMENTO DA INSTÂNCIA ADMINISTRATIVA

Conforme norma extraída do art. 290 do CTB, a instância administrativa se encerra:

(i) quando há julgamento do recurso de 2ª instância (arts. 288 e 289);

(ii) quando não interposto recurso no prazo recursal;

Destaque-se a possibilidade de aplicação do princípio da autotutela.

(iii) quando há o pagamento da multa, reconhece-se a infração e requer-se o encerramento do processo, sem apresentação de defesa ou recurso.

Aplica-se no caso de o suposto infrator ser inscrito no Sistema de Notificação eletrônica.

PROCESSO ADMINISTRATIVO DE TRÂNSITO

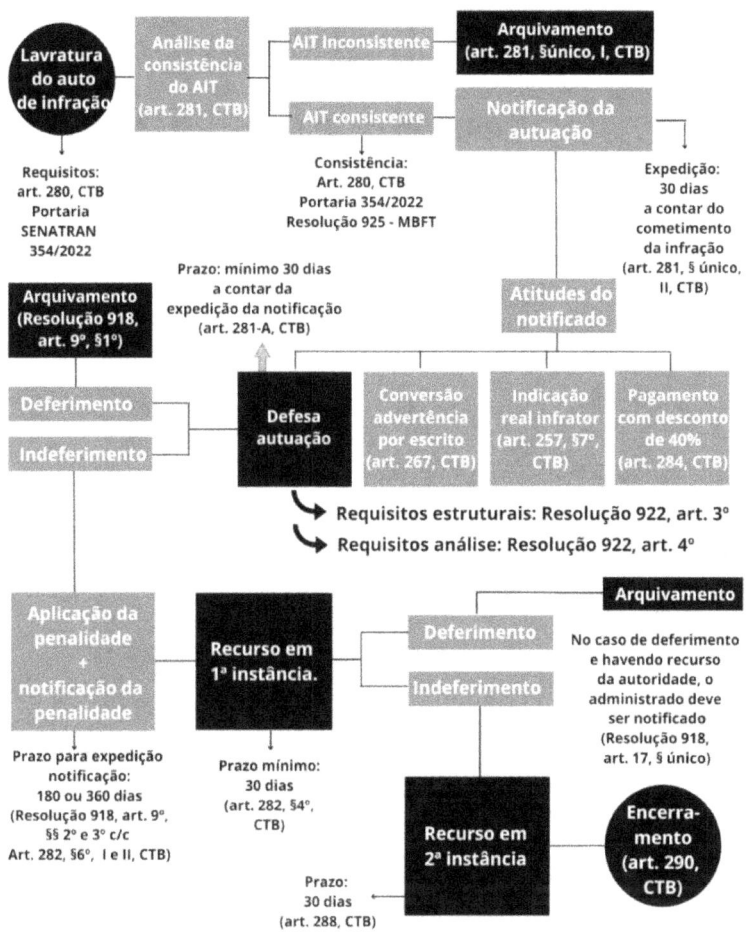

Os recursos possuem efeito suspensivo em virtude do disposto no art. 284, §3°, CTB.
Não é preciso pagar a multa para recorrer (art. 286, CTB).
O não julgamento dos recursos no prazo de 24 meses acarreta prescrição punitiva (art. 289-A, CTB).

CAPÍTULO 7. PROCESSO ADMINISTRATIVO DE SUSPENSÃO DO DIREITO DE DIRIGIR E CASSAÇÃO DA CNH

Optamos por tratar separadamente a suspensão e cassação da carteira nacional de habilitação, tendo em vista as peculiaridades dos procedimentos.

A suspensão e cassação estão previstos nos artigos 261 e 263 do CTB, respectivamente.

O procedimento para aplicação das penalidades de suspensão do direito de dirigir e cassação da carteira nacional de habilitação e da permissão para dirigir está previsto nas Resoluções 723 e 844, do CONTRAN.

7.1. DA APLICAÇÃO DA SUSPENSÃO DO DIREITO DE DIRIGIR

A suspensão do direito de dirigir é **penalidade** aplicada ao condutor infrator e consiste na **impossibilidade temporária de conduzir veículos** automotores (suspende-se a licença) após o devido processo legal administrativo no qual se assegure o exercício do efetivo e regular contraditório e ampla defesa.

A suspensão pode ocorrer em duas situações: por **acúmulo de pontuação** ou por **violação de infração específica** (também chamadas infrações mandatórias ou autossuspensivas), que preveja como punição tal medida.

Desta forma, aplica-se a suspensão do direito de dirigir (art. 261, CTB c/c art. 3º, Resolução 844/2021, CONTRAN):

(i) **POR PONTOS**: quando o infrator atingir, **no período de 12 (doze) meses**, a seguinte contagem de pontos:

a) **20 (vinte) pontos**, caso constem 2 (duas) ou mais infrações gravíssimas na pontuação.

b) **30 (trinta) pontos**, caso conste 1 (uma) infração gravíssima na pontuação.

c) **40 (quarenta) pontos**, caso não conste nenhuma infração gravíssima na pontuação.

OBSERVAÇÃO: No caso do condutor que exerça atividade remunerada, a contagem para a aplicação da penalidade de suspensão do direito de dirigir será de 40 pontos, **independentemente da natureza das infrações** cometidas (Resolução 844/2021, art. 3º, §1º).

Prazo de suspensão: de 6 meses a 1 ano, não havendo reincidência; de 8 meses a 2 anos, caso haja reincidência no período de 12 meses (art. 261, §1º, I, CTB).

A instauração do processo administrativo para aplicação da penalidade de **suspensão por pontos** somente se dá quando esgotados todos os meios de defesa administrativa referente à infração cometida.

Explica-se: o condutor cometeu a infração X que prevê a perda de X pontos. Inicialmente, será percorrido todo o processo administrativo para verificação de sua consistência, conforme já estudado (do lançamento do AIT até o recurso em 2ª instância). Certificado que efetivamente houve cometimento da infração, os pontos passam a ser contabilizados para instauração do processo de suspensão.

> Resolução 723/2018, art. 6º. Esgotados todos os meios de defesa da infração na esfera administrativa, a pontuação prevista no art. 259 do CTB será considerada para fins de instauração de processo administrativo para aplicação da penalidade de suspensão do direito de dirigir.

É responsabilidade do órgão ou entidade que aplicar a multa informar aos órgãos executivos de trânsito a pontuação correspondente à infração, uma vez encerrado o processo administrativo para apuração da infração.

> Resolução 844/2021, art. 7º, §1º. Os órgãos e entidades componentes do SNT que aplicam a penalidade de multa deverão comunicar, exclusivamente por meio do lançamento no Registro Nacional de Infrações de Trânsito (RENAINF), aos órgãos executivos de trânsito de registro do documento de habilitação, a pontuação correspondente, após o encerramento da instância administrativa da infração.

No caso de instauração de processo administrativo para apuração da suspensão do direito de dirigir por pontos, compete à entidade ou órgão executivo de trânsito de registro da habilitação a que vinculado o infrator, geralmente o DETRAN, aplicar a penalidade.

> Resolução 844/2021, art. 5º. As penalidades de que trata esta Resolução serão aplicadas pelas seguintes autoridades de trânsito, em processo administrativo, assegurados a ampla defesa, o contraditório e o devido processo legal:

I. no caso de suspensão do direito de dirigir em decorrência do acúmulo de pontos, pelo órgão ou entidade executivo de trânsito de registro do documento de habilitação.

IMPORTANTE: A lei estabelece o número mínimo de pontos que, somados, ensejam a instauração da portaria de suspensão. Se a pontuação for ultrapassada, instaurar-se-á um **único processo** de suspensão, desde que **todas as infrações** sejam **cometidas no período de 12 meses**.

Exemplo: todas as infrações cometidas entre o período de 01 de março de 2021 a 01 de março de 2022 gerarão processo único de suspensão, ainda que a soma dos pontos seja, por exemplo, de 50 pontos.

> Resolução 723/2018, art. 7º, §2º. Será instaurado um único processo administrativo para aplicação da penalidade de suspensão do direito de dirigir quando a soma dos pontos relativos às infrações cometidas atingir os limites previstos no art. 3º (20, 30 ou 40 pontos, a depender do caso, como já estudado), no período de 12 (doze) meses (anotamos).

Para fins de cômputo de pontos para início do processo de suspensão não se contam aqueles (pontos) referentes às infrações que preveem de forma específica essa penalidade (suspensão). Lado outro, todas as demais infrações, inclusive aquelas referentes a infrações de responsabilidade do proprietário, terão os pontos computados.

Resolução 723/2018, art. 7º, §3º. Não serão computados pontos nas infrações que preveem, por si só, a penalidade de suspensão do direito de dirigir.

Resolução 723/2018, art. 7º, §4º. Ressalvada a hipótese do §3º, todas as demais infrações previstas no CTB deverão ser consideradas para cômputo de pontuação, independentemente de sua natureza, inclusive as de responsabilidade do proprietário.

Ocorrendo anulação do auto de infração, no âmbito judicial ou administrativo, o órgão executivo de trânsito deve ser comunicado a fim de que adote as providências devidas quanto aos processos de suspensão e cassação eventualmente instaurados. O órgão executivo, de ofício, deve anular a penalidade aplicada, ainda que tenha sido encerrado o processo administrativo.

Resolução 723/2018, art. 7º, §5º. A qualquer tempo, havendo anulação judicial ou administrativa do autos de infração, o órgão autuador deverá efetuar nova comunicação aos órgãos de registro da habilitação, para que sejam adotadas providências quanto a processos administrativos de suspensão ou cassação do direito de dirigir eventualmente instaurados com base nas autuações anuladas.

§6º. Configurada a hipótese do §5º, o órgão de registro da habilitação anulará, de ofício, a penalidade eventualmente aplicada, cancelando registro no RENACH, ainda que já tenha havido o encerramento da instância administrativa.

Observe-se que a contagem dos pontos se faz de acordo com o disposto no art. 259 do CTB[100].

O período de 12 meses é contado a partir da **data do cometimento de cada infração.**

> Resolução 723/2018, art. 7º, caput. Para fins de cumprimento do disposto no inciso I do art. 3º (o artigo trata da pontuação mínima para ser instaurado o processo de suspensão) serão consideradas as datas do cometimento das infrações (anotamos).

IMPORTANTE: Na hipótese de ter sido atingida a pontuação de 20 pontos em 12 meses por infrações cometidas antes de 12 de abril de 2021, aplica-se a penalidade de suspensão do direito de dirigir.

Para as infrações cometidas antes de 12 de abril de 2021 sem que a soma tenha alcançado 20 pontos: os pontos devem ser contabilizados para eventual aplicação futura da suspensão, observada a pontuação estabelecida pela lei 14.071/2020.[101].

---

[100] Art. 259. A cada infração cometida são computados os seguintes números de pontos:
I. gravíssima - sete pontos;
II. grave - cinco pontos;
III. média - quatro pontos;
IV. leve - três pontos.

[101] Antes da entrada em vigor da lei 14.071/2020, a suspensão ocorria quando o condutor atingisse a pontuação de 20 pontos.
Redação anterior do art. 261, CTB. A penalidade de suspensão do direito de dirigir será imposta nos seguintes casos:
I. sempre que o infrator atingir a contagem de 20 (vinte) pontos, no período de 12 (doze) meses, conforme a pontuação prevista no CTB, art. 259.

> Resolução 844/2021, art. 3º, §2º. Caso o infrator tenha atingido 20 (vinte) pontos, em um período de 12 (doze) meses, por infrações cometidas antes de 12 de abril de 2021, impõe-se a penalidade de suspensão do direito de dirigir.
>
> §3º. A pontuação das infrações cometidas antes de 12 de abril de 2021 continua sendo considerada para o cômputo de que trata o inciso I[102].

(ii) **POR INFRAÇÃO ESPECÍFICA**: aplica-se quando houver transgressão às normas estabelecidas neste Código cujas infrações prevejam, de forma específica, a penalidade de suspensão do direito de dirigir.

Prazo de suspensão: prazo descrito no dispositivo infracional. Não havendo descrição e não sendo caso de reincidência, de 2 a 8 meses. Havendo reincidência no período de 12 meses, a suspensão será de 8 a 18 meses, observando-se, ainda, o art. 263, II, CTB, que prevê cassação da habilitação quando houver reincidência nas infrações ali elencadas (art. 261, §1º, II, CTB).

> Art. 263, II, CTB. A cassação do documento de habilitação dar-se-á:

---

[102] Recorde-se que o inciso I, do art. 3º, da resolução 844/2021 mencionado trata da quantidade de pontos para que seja instaurado o processo de suspensão (20, 30 ou 40 pontos).

II. no caso de reincidência, no prazo de doze meses, das infrações previstas no inciso III do art. 162 e nos arts. 163, 164, 165, 173, 174 e 175.

Quando se tratar de instauração de processo por **infração específica**, se o infrator for também o proprietário, haverá apenas **um processo** para aplicação de ambas as penalidades, a saber, multa e suspensão do direito de dirigir.

> Resolução 844/2021, art. 8º, I. quando o infrator for o proprietário do veículo, será instaurado processo único para aplicação das penalidades de multa e de suspensão do direito de dirigir, nos termos do § 10 do art. 261 do CTB.
>
> Art. 261, §10, CTB. O processo de suspensão do direito de dirigir a que se refere o inciso II do caput deste artigo (o inciso versa sobre suspensão por infração específica) deverá ser instaurado concomitantemente ao processo de aplicação da penalidade de multa, e ambos serão de competência do órgão ou entidade responsável pela aplicação da multa, na forma definida pelo Contran (anotamos).

Para os casos de o infrator ser o proprietário, com processo único, as notificações observarão as regras constantes na Resolução 918/2022, do CONTRAN.

> Resolução 844/2021, Art. 8º, §2º. Na hipótese prevista no inciso I, o procedimento de notificação deverá obedecer às disposições constantes na Resolução CONTRAN nº 619, de 6 de setembro de 2016[103], e suas alterações e sucedâneas.

Quando o infrator **não** for o proprietário, é **facultativa** a existência de um **único processo**. Optando-

---

[103] A referida Resolução foi revogada pela Resolução 918/2022.

se por processos distintos, os dois tramitarão ao mesmo tempo (concomitantemente). Logo, ao contrário do que se verifica quando da instauração do processo de suspensão por pontos, desnecessário esgotar-se o processo para aplicação da multa para, só então, iniciar-se o processo de suspensão.

> Resolução 844/2021, art. 8º, II. quando o infrator não for o proprietário do veículo, o processo de suspensão do direito de dirigir tramitará concomitantemente ao processo para aplicação da penalidade de multa, nos termos do §10 do art. 261 do CTB, podendo ser autuado um único processo para essa finalidade, observado o disposto na Resolução CONTRAN nº 619, de 6 de setembro de 2016, e suas alterações.

A **competência para julgamento** de suspensão por infração específica ficará a cargo do órgão ou entidade responsável pela aplicação da multa, se a infração ocorrer a partir de 12 de abril de 2021 (art. 261, §10º, *in fine*, CTB). Para infrações cometidas antes de 12 de abril de 2021, a competência é do órgão ou entidade executiva de trânsito de registro do documento de habilitação (Resolução 844/2021, art. 5º, II, "a").

Ainda sobre competência, o art. 8º, §1º, da Resolução 844/2021 preceitua:

> §1º. Para as atuações que não sejam de competência dos órgãos ou entidades executivos de trânsito dos Estados ou do Distrito Federal, relativas às infrações cometidas antes de

12 de abril de 2021, o órgão ou entidade responsável pela aplicação da penalidade de multa, encerrada a instância administrativa de julgamento da infração, comunicará imediatamente ao órgão executivo de trânsito do registro do documento de habilitação, via RENAINF, para que instaure processo administrativo com vistas à aplicação da penalidade de suspensão do direito de dirigir.

IMPORTANTE: O prazo para expedição da notificação da penalidade de suspensão do direito de dirigir por infração mandatória é de 180 (cento e oitenta) dias ou de 360 (trezentos e sessenta) dias, se houver defesa prévia, na forma do art. 282 do CTB (Resolução 844/2021, art. 8º, §3º). A aplicação do art. 282 do CTB já foi analisada no presente trabalho.

(iii) **EXAME TOXICOLÓGICO | "MOTORISTA PROFISSIOAL"**: A lei 13.103/2015 tem como objetivo a regulação da profissão de motorista, tendo, dentre outras modificações, alterado o Código de Trânsito para determinar, de forma periódica, a realização de exame toxicológico para esses profissionais.

Ocorre que a redação atual do art. 148-A, do CTB, determina que devam ser submetidos ao exame toxicológico todos os condutores que possuem habilitação nas categorias "C", "D" e "E", independentemente de exercerem ou não atividade profissional.

Assim, deverá ser aplicada a suspensão na hipótese de resultado positivo no exame toxicológico periódico previsto no §2º do art. 148-A do CTB, realizado por condutor habilitado nas categorias C, D ou E. Na verdade, trata-se de espécie de infração específica.

> Art. 148-A, §2º. ... os condutores das categorias C, D e E com idade inferior a 70 (setenta) anos serão submetidos a novo exame a cada período de 2 (dois) anos e 6 (seis) meses, a partir da obtenção ou renovação da Carteira Nacional de Habilitação, independentemente da validade dos demais exames ...

Prazo de suspensão: 3 meses.

Diante de resultado positivo, é garantido o direito de contraprova e recurso administrativo, que **não terá efeito suspensivo**. Sempre prevalecerá o resultado obtido na contraprova realizada.

> Resolução 844/2021, art. 8º-A, §1º. É garantido o direito de contraprova e de recurso administrativo, sem efeito suspensivo, no caso de resultado positivo para os exames de que trata o caput.
>
> Resolução 844/2021, art. 8º-A, §2º. Caso seja realizada a contraprova, será sempre considerado o resultado nela obtido.

SOBRE EFEITO SUSPENSIVO

Não há que se confundir a suspensão do direito de dirigir com o efeito suspensivo do recurso.

O primeiro, como se nota, é penalidade estipulada pelo Código de Trânsito quando presentes os requisitos para sua aplicação, conforme estudado.

Por outro, lado, efeito suspensivo consiste na impossibilidade de a decisão impugnada gerar efeitos. Trata-se da ineficácia da decisão.

De acordo com o que vimos, uma vez constatada a presença de substâncias tóxicas e apresentado recurso, a decisão **produzirá** efeitos, uma vez que **não** há efeito suspensivo no caso em tela.

Haverá levantamento da suspensão do direito de dirigir quando apresentado novo resultado negativo. Também proceder-se-á ao levantamento quando transcorrido o prazo de 3 meses da suspensão, mediante apresentação de exame negativo.

> Resolução 844/2021, art. 8º-A, §3º. O levantamento da suspensão é condicionado ao resultado negativo em novo exame ou ao cumprimento do prazo de 3 (três) meses de suspensão previsto no § 5º do art. 148-A do CTB, não se exigindo a realização do curso de reciclagem.

> Resolução 844/2021, art. 8º-A, §5º. O resultado negativo em novo exame resultará no levantamento da suspensão do direito de dirigir, por meio da inclusão do referido resultado no RENACH, independentemente de o processo ter sido instaurado ou de o infrator já estar cumprindo a penalidade.

Art. 148-A, §5º. O resultado positivo no exame previsto no § 2º deste artigo acarretará a suspensão do direito de dirigir pelo período de 3 (três) meses, condicionado o levantamento da suspensão à inclusão, no Renach, de resultado negativo em novo exame, e vedada a aplicação de outras penalidades, ainda que acessórias.

7.1.1. Do curso preventivo de reciclagem

Em se tratando de condutor que **exerça atividade remunerada**, faculta-se a realização de curso de reciclagem quando forem atingidos 30 pontos. Neste caso, a pontuação será desconsiderada para fins de contagem futura. Em outros termos, zera-se a pontuação.

> Resolução 844, 2021, art. 7º, §2º-A. No caso de o condutor que exerce atividade remunerada em veículo optar por participar de curso preventivo de reciclagem ao atingir 30 (trinta) pontos no período de 12 (doze) meses, concluído com êxito o curso, essa pontuação será eliminada para fins de contagem subsequente.

Observe-se, ainda, as disposições do art. 9º, §§2º e 3º, da Resolução 844/2021:

> Art. 9º, §2º. Também fará jus ao estabelecido no § 1º o condutor que, possuindo uma soma de pontos por infrações inferior a 30 (trinta), no período de 12 (doze) meses, seja uma vez mais autuado, dentro desse período, e a soma dos pontos das infrações seja superior a 30 (trinta) e não ultrapasse os 39 (trinta e nove) pontos.
>
> §3º Poderá fazer o requerimento o condutor que, mesmo já tendo atingido a soma exata de 30 (trinta) pontos, no

período de 12 (doze) meses, for autuado por infrações que não ultrapassem 39 (trinta e nove) pontos, sendo eliminada a pontuação, observado o disposto no § 6º.

Frise-se que o condutor que exerce atividade remunerada terá suspenso o seu direito de dirigir quando alcançados 40 pontos, independentemente da natureza das infrações cometidas.

Não será possível optar por novo curso de reciclagem pelo período de 12 meses, contados da data de conclusão do último curso preventivo de reciclagem.

> Art. 261, CTB. *Omissis...*
>
> §5º. No caso do condutor que exerce atividade remunerada ao veículo, a penalidade de suspensão do direito de dirigir de que trata o caput deste artigo será imposta quando o infrator atingir o limite de pontos previsto na alínea c do inciso I do caput deste artigo, independentemente da natureza das infrações cometidas, facultado a ele participar de curso preventivo de reciclagem sempre que, no período de 12 (doze) meses, atingir 30 (trinta) pontos, conforme regulamentação do Contran.
>
> §6º. Concluído o curso de reciclagem previsto no § 5º, o condutor terá eliminados os pontos que lhe tiverem sido atribuídos, para fins de contagem subsequente.
>
> §7º. O motorista que optar pelo curso previsto no §5º não poderá fazer nova opção no período de 12 (doze) meses.

Para realização do curso preventivo de reciclagem não é necessário que tenha ocorrido o trânsito em julgado das infrações relacionadas no requerimento do condutor ou a existência da pontuação referente à infração no RENACH.

> Resolução 844/2021, art. 9º, §4º. § 4º Para fins de instauração, análise e deferimento do processo do curso preventivo de reciclagem, não é necessário o trânsito em julgado das infrações relacionadas no requerimento do condutor ou a existência da pontuação respectiva no RENACH.

Pela leitura do art. 8º-A, da Resolução 844/2021, do CONTRAN, a competência para instauração do processo administrativo de suspensão é do órgão ou entidade executivo de trânsito do Estado ou do Distrito Federal competente pelo registro do documento de habilitação (geralmente o DETRAN).

> Art. 8º-A. Para instauração do processo administrativo destinado à aplicação da penalidade de suspensão do direito de dirigir decorrente de resultado positivo no exame toxicológico periódico de que trata o § 2º do art. 148-A do CTB, o órgão ou entidade executivo de trânsito do Estado ou do Distrito Federal competente pelo registro do documento de habilitação deverá utilizar os dados lançados no RENACH.

Por fim, cumpre esclarecer que a reclassificação da habilitação do condutor das categorias C, D ou E para as categorias A, B ou AB não dispensa a exigência do resultado negativo em novo exame para fins de levantamento da suspensão do direito de dirigir (Resolução 844/2021, art. 8º-A, §6º).

IMPORTANTE: Para infrações cometidas por condutor que exerce atividade remunerada antes de 12 de abril de 2021 (Resolução 844/2021, art. 9º, §§7º e 8º):

(i) se a soma dos pontos atingir 14 (quatorze), o condutor poderá requerer junto ao órgão de registro do documento de habilitação a participação no curso preventivo de reciclagem de que trata o caput;

(ii) se a soma de pontos for inferior a 14 (quatorze) e o condutor for autuado mais uma vez dentro de 12 (doze) meses, caso a soma dos pontos contando com essa nova infração for inferior a 20 pontos, o condutor também fará jus à participação no curso preventivo de reciclagem de que trata o caput.

7.2. ETAPAS DO PROCESSO ADMINISTRATIVO DE SUSPENSÃO DO DIREITO DE DIRIGIR[104]

---

[104] A fim de evitar repetições enfadonhas, não reproduziremos o que falamos sobre o processo administrativo de multa. Todavia, as regras e observações que não sejam conflitantes são aplicáveis ao processo administrativo de suspensão do direito de dirigir.

As etapas do processo administrativo de trânsito estão previstas a partir do art. 10 da Resolução 844/2021:

O ato instaurador do processo de suspensão deve conter, pelo menos, o nome e a qualificação do infrator, indicação das infrações que deram origem ao processo, com a descrição sucinta dos fatos e a indicação dos dispositivos legais pertinentes.

Assim que instaurado o processo, deve-se proceder à anotação de sua instauração no prontuário do infrator, sendo certo que a referida anotação não constitui empecilho para o exercício de direitos, como possibilidade de conduzir veículos automotores ou licenciar o veículo.

Deverá ser expedida notificação **ao infrator** a fim de que tenha ciência de que existe processo administrativo em seu desfavor. A notificação precisa conter:

(i) a identificação do infrator e do órgão de registro do documento de habilitação;

(ii) a finalidade da notificação, qual seja, dar ciência da instauração do processo administrativo para imposição da penalidade de suspensão do direito de dirigir por somatório de pontos, por infração específica ou por resultado positivo em exame toxicológico periódico previsto no § 2º do art. 148-A do CTB;

(iii) a data do término do prazo para apresentação da defesa;

(iv) informações referentes às infrações que ensejaram a abertura do processo administrativo, fazendo constar[105]:

a) os números dos autos de infrações que deram origem ao processo administrativo de suspensão do direito de dirigir;

b) órgão ou entidade que aplicou a penalidade de multa;

c) a placa do veículo utilizado no momento do cometimento da infração;

d) tipificação, código das infrações e enquadramento legal;

e) a data do cometimento das infrações; e

---

[105] Este item não se aplica aos casos de exame toxicológico positivo, conforme inciso IV do § 2º, do art. 10, da Resolução 844/2021.

f) o somatório dos pontos, quando for o caso.

Para o processo de suspensão do direito de dirigir por resultado positivo no exame toxicológico, a notificação também deve apontar:

a) nome e CNPJ do laboratório responsável pelo resultado do exame ou da contraprova, caso esta tenha sido realizada;

b) número do laudo;

c) data do exame;

d) resultado do exame; e

e) substâncias detectadas.

Vale lembrar que a ausência dos requisitos mínimos enseja nulidade.

Perceba-se que as notificações referentes ao processo para aplicação das multas são direcionadas ao proprietário, responsável pelo pagamento; a notificação sobre a instauração do processo para suspensão do direito de dirigir é direcionada ao infrator, condutor. O envio para o proprietário gera nulidade da notificação.

A notificação poderá ser expedida por remessa postal, por meio tecnológico hábil ou por outro meio que assegure a sua ciência do infrator.

O condutor poderá tomar ciência da instauração do processo e da data do término do prazo para apresentação da defesa por meio de comparecimento no próprio órgão ou entidade de trânsito responsável pelo processo, mediante certidão nos autos.

O infrator terá o prazo mínimo de 30 dias para apresentar defesa, contados a partir da data da notificação da instauração do processo administrativo.

A notificação devolvida devido a endereço desatualizado será considerada válida para todos os efeitos.

Na análise da admissibilidade, seja da defesa ou do recurso, não serão exigidos documentos ou cópia de documentos emitidos pelo órgão responsável pela autuação.

Conforme sabido, as decisões devem ser devidamente fundamentadas.

Resolução 723/2018, art. 12. Concluída a análise do processo administrativo, a autoridade do órgão ou entidade de trânsito proferirá decisão motivada e fundamentada.

Se as razões da defesa ou recurso forem acolhidas, proceder-se-á ao arquivamento do processo, com consequente notificação do infrator.

Não sendo apresentada defesa, se a defesa não for conhecida ou não for acolhida, aplicar-se-á a penalidade de suspensão do direito de dirigir.

Aplicada a penalidade, a autoridade competente deve informar ao condutor, via notificação, que necessita conter:

(i) identificação do órgão responsável pela aplicação da penalidade;

(ii) identificação do infrator e número do registro do documento de habilitação;

(iii) número do processo administrativo;

(iv) a penalidade de suspensão do direito de dirigir aplicada, incluída a dosimetria fixada, e sua fundamentação legal;

(v) a data limite para entrega do documento de habilitação físico ou para interpor recurso à JARI, que não será inferior a 30 dias;

> Resolução 723/2018, art. 15, §2º. No caso de perda, extravio, furto ou roubo do documento de habilitação físico válido, o condutor deverá providenciar a emissão da 2ª via, para que seja juntada ao processo, a fim de se dar início ao cumprimento da penalidade.

(vi) a data em que iniciará o cumprimento da penalidade fixada, caso não seja entregue o documento de habilitação físico e não seja interposto recurso à JARI, nos termos do artigo 16 desta Resolução.

Para apresentação do recurso deverão ser observadas as mesmas regras do processo administrativo para aplicação de multa.

> Resolução 844/2021, art. 11. Os critérios gerais para apresentação de defesa, recursos ou outros requerimentos deverão seguir as disposições constantes na Resolução CONTRAN nº 299, de 04 de dezembro de 2008[106], e suas sucedâneas.

A data de início do cumprimento da penalidade é fixada no art. 16 da Resolução 723/2018, a saber:

(i) Se não houver interposição de recurso, seja de 1ª ou 2ª instância, em 15 dias corridos, contados do

---

[106] Atualmente a matéria é regulada pela Resolução CONTRAN 900/2022,

término do prazo para a interposição do referido recurso;

(ii) Interposto o recurso e mantida a condenação, o cumprimento da penalidade se inicia no dia subsequente ao determinado para a entrega do documento de habilitação físico, que não será inferior a 30 dias, conforme já estudado;

> Resolução 723/2018, art. 16, §1º. Na notificação de resultado dos recursos de 1ª e de 2ª instâncias deverão constar as informações definidas no art. 15, no que couber.

(iii) Se o condutor proceder à entrega voluntária do documento de habilitação físico, a partir dessa data será iniciado o cumprimento da penalidade.

> Resolução 723/2018, art. 16. A data de início do cumprimento da penalidade será fixada e anotada no RENACH:
>
> I. em 15 (quinze) dias corridos, contados do término do prazo para a interposição do recurso, em 1ª ou 2ª instância, caso não seja interposto, inclusive para os casos do documento de habilitação eletrônico;
>
> II. no dia subsequente ao término do prazo para entrega do documento de habilitação físico, caso a penalidade seja mantida em 2ª instância recursal;
>
> III. na data de entrega do documento de habilitação físico, caso ocorra antes das hipóteses previstas nos incisos I e II.

A aplicação da penalidade será inscrita no RENACH, devendo conter a data do início e do término de seu cumprimento, interregno no qual o condutor deverá realizar o curso de reciclagem[107].

> Art. 268, CTB. O infrator será submetido a curso de reciclagem, na forma estabelecida pelo CONTRAN:
>
> II. quando suspenso do direito de dirigir;
>
> Resolução 723/2018, art. 16, §3º. Cumprido o prazo de suspensão do direito de dirigir, caso o condutor não realize ou seja reprovado no curso de reciclagem, deverá ser mantida a restrição no RENACH, que deverá ser impeditivo para devolução ou renovação do documento de habilitação, impressão de 2ª via do documento de habilitação físico ou emissão de Permissão Internacional para Dirigir - PID.
>
> §4º. Caso o condutor já tenha cumprido o prazo de suspensão do direito de dirigir e seja flagrado na condução de veículo automotor sem ter realizado o curso de reciclagem, e estiver portando o documento de habilitação físico, esta deverá ser recolhida e caso não esteja portando ou se trate de documento eletrônico, caberá a autuação do art. 232 do CTB, observado o disposto no § 4º do art. 270 do CTB.
>
> Resolução 844/2021, art. 17-E. Para os casos anteriores à publicação da Deliberação CONTRAN nº 163, de 31 de outubro de 2017, em que a penalidade já tenha sido inscrita no RENACH, mas que não tenha data de início do seu cumprimento, os órgãos e entidades integrantes do SNT deverão adotar a medida administrativa de recolhimento do documento de habilitação e encaminhá-la aos órgãos ou entidades de registro do documento de habilitação para aposição do início e fim do cumprimento da respectiva penalidade.

---

[107] O curso de reciclagem não se confunde com o curso preventivo de reciclagem, já estudado.

Não será exigido curso de reciclagem para a penalidade de suspensão decorrente de resultado positivo em exame toxicológico periódico previsto no § 2º do art. 148-A do CTB (Resolução 844/2021, art. 16, §2º-A).

O documento de habilitação físico entregue pelo condutor será acostado aos autos e devolvido ao infrator depois de cumprido o prazo de suspensão do direito de dirigir e comprovada a realização e aprovação no curso de reciclagem. Sendo o documento eletrônico, a regularização se dará na forma estabelecida pelo Departamento Nacional de Trânsito (Resolução 723/2018, art. 18).

7.3. DA CASSAÇÃO DO DOCUMENTO DE HABILITAÇÃO

A cassação do documento de habilitação consiste na retirada definitiva da licença para condução de veículos automotores e será aplicada (art. 263, CTB c/c art. 19, Resolução 723/2018):

(i) quando, suspenso o direito de dirigir, o infrator conduzir qualquer veículo;

Resolução 723/2018, art. 19, §1º, I a III.

I. o processo administrativo será instaurado **após esgotados todos os meios de defesa da infração que enseja a penalidade de cassação**, na esfera administrativa, devendo o órgão executivo de registro do documento de habilitação observar as informações registradas no RENAINF ou outro sistema;

II. caso o condutor seja autuado por outra infração que preveja suspensão do direito de dirigir, **será aberto apenas o processo administrativo para cassação**, sem prejuízo da penalidade de multa;

Nosso comentário: Neste caso, o condutor está com o documento suspenso e é autuado por cometimento de infração que preveja como punição a suspensão (infração específica). Não será instaurado novo processo de suspensão. Instaurar-se-á apenas o processo para cassação da habilitação.

Nosso comentário: Nos termos da Resolução 723/2018, art. 19, §3º, é possível a instauração de mais de um processo administrativo para aplicação da penalidade de cassação ao mesmo tempo.

III. a autoridade de trânsito de registro do documento de habilitação do condutor, que tomar ciência da condução de veículo automotor por pessoa com direito de dirigir suspenso, por **qualquer meio de prova** em direito admitido, deverá instaurar o processo de cassação do documento de habilitação.

Nosso comentário: É ônus da administração demonstrar, de forma efetiva, que a condução era realizada pela pessoa que estava com a habilitação suspensa.

(ii) no caso de reincidência, no prazo de doze meses, das infrações previstas no inciso III do art. 162 e nos arts. 163, 164, 165, 173, 174 e 175;

Resolução 723/2018, art. 19, §2º,

I. processo administrativo será instaurado após esgotados todos os meios de defesa da infração que configurou a reincidência, na esfera administrativa, devendo o órgão executivo de registro do documento de habilitação observar as informações registradas no RENAINF (com redação implementada pela Resolução 844/2021);

II. para fins de reincidência, serão consideradas as datas de cometimento das infrações, independentemente da fase em que se encontre o processo de aplicação de penalidade da primeira infração;

III. em relação à primeira infração, serão aplicadas todas as penalidades previstas;

IV. em relação à infração que configurar reincidência, caso haja previsão de penalidade de suspensão do direito de dirigir, esta deixará de ser aplicada, em razão da cassação.

(iii) quando condenado judicialmente por delito de trânsito, observado o disposto no art. 160.

Salvo nos casos em que comprovada a condução por pessoa com habilitação suspensa (sendo admitida qualquer prova em direito admitida, cujo ônus é da administração), para a instauração do processo de cassação é **imprescindível que haja abordagem** (flagrante). Tal assertiva é ratificada pela resolução 723/2018:

> Art. 19, §1º, IV. quando não houver abordagem, não será instaurado processo de cassação do documento de habilitação:
>
> a) ao proprietário do veículo, nas infrações originalmente de sua responsabilidade;
>
> b) nas infrações de estacionamento, quando não for possível precisar que o momento inicial da conduta se deu durante o cumprimento da penalidade de suspensão do direito de dirigir.

Em que pese necessária a abordagem a fim de que seja configurado o flagrante, há a possibilidade de instauração do processo de cassação do documento de habilitação do proprietário que **não** realizar a indicação do condutor infrator, conforme previsto no art. 257, § 7º, do CTB (Resolução 723, art. 19, V).

Uma vez aplicada a penalidade, o órgão executivo de trânsito de registro do documento de habilitação deverá registrar essa informação no RENACH nos seguintes termos: "Documento de habilitação cassado", com as datas de início e de término da penalidade, observando-se o art. 16 da Resolução 723/2018.

O infrator poderá requerer a reabilitação após 2 anos da cassação do documento de habilitação, desde que realizados todos os exames necessários.

> Art. 263, §2º, CTB. Decorridos dois anos da cassação da Carteira Nacional de Habilitação, o infrator poderá requerer sua reabilitação, submetendo-se a todos os exames necessários à habilitação, na forma estabelecida pelo CONTRAN.

No caso de cassação decorrente de decisão judicial por condutor que utilize o veículo para a prática do crime de receptação, descaminho, contrabando, o prazo para o infrator requerer sua habilitação é de 5 (cinco) anos.

> Art. 278-A, CTB. O condutor que se utilize de veículo para a prática do crime de receptação, descaminho, contrabando, previstos nos arts. 180, 334 e 334-A do Código Penal, condenado por um desses crimes em decisão judicial transitada em julgado, terá cassado seu documento de habilitação ou será proibido de obter a habilitação para dirigir veículo automotor pelo prazo de 5 (cinco) anos.

Observe-se, ainda o art. 22 da Resolução 723/2018:

> Art. 22. No caso de perda, extravio, furto ou roubo do documento de habilitação físico válido, o condutor deverá providenciar a emissão da 2ª via, para que seja juntada ao processo, a fim de se dar início ao cumprimento das penalidades de cassação do documento de habilitação e de suspensão do direito de dirigir, que iniciará em 10 (dez) dias corridos caso essa providência não seja adotada.

Por fim, saliente-se que o processo administrativo para cassação do documento de habilitação deve observar, no que couber, as disposições referentes à suspensão do direito de dirigir, sem prejuízo do que foi estudado em relação ao processo administrativo para aplicação de multa, conforme ressaltamos à exaustão.

> Resolução 723/2018, art. 19. Deverá ser instaurado processo administrativo de cassação do documento de habilitação, pela autoridade de trânsito do órgão executivo de seu registro, observado no que couber as disposições dos Capítulos IV (do processo administrativo de suspensão do direito de dirigir), V (da apresentação de defesa e de recurso) e VI (da aplicação da penalidade), desta Resolução (anotamos).

7.4. Informações finais sobre suspensão do direito de dirigir e cassação do documento de habilitação

No curso do processo administrativo não incidirá nenhuma restrição no prontuário do infrator, inclusive para fins de mudança de categoria do documento de habilitação, renovação e transferência para outra unidade da Federação, até a efetiva aplicação da penalidade de suspensão ou cassação do documento de habilitação (Resolução 723/2018, art. 25).

O processo administrativo deverá ser concluído pelo órgão ou entidade de trânsito que o instaurou, mesmo que haja transferência do prontuário para outra unidade da Federação. No caso de transferência, o órgão ou entidade de trânsito que aplicar a penalidade de suspensão do direito de dirigir ou cassação do documento de habilitação deverá comunicá-la ao órgão executivo estadual de trânsito de registro do documento de habilitação do condutor para o cadastramento da penalidade no RENACH (Resolução 723/2018, art. 25, §§1º e 2º).

Segundo o §3º, do art. 25, da Resolução 723/2018, a interposição de recurso intempestivo não impede o cadastramento da penalidade no RENACH.

Insta salientar que a previsão de cadastramento da penalidade no RENACH afronta o disposto no art. 284, §3º, do CTB, dispositivo que estabelece a impossibilidade de serem aplicadas quaisquer restrições enquanto não encerrada a instância administrativa.

Relembre-se que a interposição intempestiva não acarreta ônus ao condutor-infrator, tampouco pode ser motivo para a inadmissibilidade do recurso, visto que a análise da matéria está assegurada pelo princípio da autotutela.

Os atos referentes aos processos de suspensão do direito de dirigir e cassação do documento de habilitação deverão ser registrados no RENACH e no RENAINF (Resolução 723/2018, art. 27).

CAPÍTULO 8. DOS PRAZOS PRESCRICIONAIS

Num passado remoto, as pretensões eram permanentes, o que fazia com que o devedor estivesse vinculado *ad eternum* à dívida, o que maculava a segurança jurídica.

Com o passar do tempo, entendeu-se que seria necessário limitar temporalmente o direito de demandar, sob pena de, não o fazendo, perder-se o direito. Consagrou-se, assim, o brocardo jurídico "o direito não socorre os que dormem" (*dormientibus non sucurrit jus*). Criam-se, desta forma, os institutos da prescrição e da decadência.

Além de fixar um prazo para a cobrança, também foram estabelecidas determinadas regras, tais como termo inicial de contagem e causas de interrupção e suspensão do referido prazo.

> Essas regras, por sua vez, se aplicadas indiscriminadamente a todos os prazos de perda do direito de demandar, geram injustiça, pois determinadas pessoas, como os incapazes, por exemplo, devem receber proteção especial do ordenamento jurídico.

Por outro lado, certas espécies de pretensão têm característica e natureza próprias e indicam que devem permanecer perpétuas, como no caso, por exemplo, da investigação de paternidade.

Essas circunstâncias levam, portanto, à necessidade da adoção de um sistema que diferencie as diversas classes de pretensões, de tal arte que possibilite ao operador do direito identificar quais delas devem continuar perpétuas; quais devem se sujeitar a prazos não passíveis de interrupção (decadência) e quais se subordinam a prazos sujeitos a interrupção (prescrição)[108].

Por questões didáticas, os casos de decadência foram estudados ao longo do trabalho. Por isso, vamos analisar, neste momento, a prescrição.

Em que pese rechaçada pela doutrina civilista, a fim de melhor compreensão, temos, em linhas gerais, que prescrição significa a perda da pretensão.

No caso de aplicação de multas e/ou suspensão do direito de dirigir e cassação do documento de habilitação, tem-se que o órgão executivo de trânsito perde o direito de aplicar as penalidades cabíveis e/ou prosseguir com o processo administrativo.

Há diferença de prazos para os casos de processos para aplicação multas de trânsito e aqueles direcionados à cassação do documento de habilitação e suspensão

---

[108] ASSIS NETO, Sebastião de; JESUS, Marcelo de; MELO, Maria Izabel de. Manual de Direito Civil. 8ª Edição, pg. 567.

temporária do direito de dirigir, de acordo com o que passaremos a estudar.

8.1. PRESCRIÇÃO NOS CASOS DE SUSPENSÃO DO DIREITO DE DIRIGIR E CASSAÇÃO DO DOCUMENTO DE HABILITAÇÃO

> Resolução 723/2018, art. 24. Aplicam-se a esta Resolução, os seguintes prazos prescricionais previstos na Lei nº 9.873, de 23 de novembro de 1999:
>
> I. Prescrição da Ação Punitiva: 5 anos;
>
> II. Prescrição da Ação Executória: 5 anos;
>
> III. Prescrição Intercorrente: 3 anos.

8.1.1 Prescrição punitiva

Como o próprio nome indica, a **prescrição da ação punitiva** representa perda da possibilidade de aplicar a penalidade, uma vez decorrido o prazo legal.

O **termo inicial** da pretensão punitiva referente à aplicação da penalidade de **suspensão do direito de dirigir** será:

(i) quando o processo de suspensão for cabível por **acúmulo de pontos**, o dia subsequente ao encerramento da instância administrativa referente à penalidade de multa;

Resolução 723/2018, art. 24, §1º, I (modificado pela Resolução 844/2021).

Art. 24, §1º. O termo inicial da pretensão punitiva relativo à penalidade de suspensão do direito de dirigir será:

I. no caso previsto no inciso I do art. 3º, o dia subsequente ao encerramento da instância administrativa referente à penalidade de multa que totalizar ou ultrapassar os limites de pontos no período de 12 (doze) meses

(ii) quando for instaurado **processo único** para aplicação da penalidade de multa e de suspensão do direito de dirigir - o que se dá nas situações em que o infrator é também o proprietário **e** a competência para a autuação é do órgão executivo de trânsito estadual de registro do documento de habilitação - o prazo se inicia na data do cometimento da infração.

Resolução 723/2018, Art. 24, §1º. O termo inicial da pretensão punitiva relativo à penalidade de suspensão do direito de dirigir será:

§1º, II. no caso do inciso I do art. 8º desta Resolução, a data da infração.

Resolução 723/2018, Art. 8º. Para fins de cumprimento do disposto no inciso II do art. 3º, o processo de suspensão do direito de dirigir deverá ser instaurado da seguinte forma:

I. para as autuações de competência do órgão executivo de trânsito estadual de registro do documento de habilitação do infrator, quando o infrator for o proprietário do veículo, será instaurado processo único para aplicação das penalidades de multa e de suspensão do direito de dirigir, nos termos do § 10 do art. 261 do CTB.

(iii) quando a competência para autuação **não** for do órgão executivo de trânsito estadual de registro do documento de habilitação **e/ou** o infrator não for também o proprietário, o prazo se inicia no dia subsequente ao encerramento da instância administrativa referente à penalidade de multa.

> Resolução 723/2018, Art. 24, §1º. O termo inicial da pretensão punitiva relativo à penalidade de suspensão do direito de dirigir será:
>
> III. no caso do inciso II do art. 8º desta Resolução, o dia subsequente ao encerramento da instância administrativa referente à penalidade de multa.
>
> Resolução 723/2018, art. 8º. Para fins de cumprimento do disposto no inciso II do art. 3º, o processo de suspensão do direito de dirigir deverá ser instaurado da seguinte forma:
>
> II. para as demais autuações, o órgão ou entidade responsável pela aplicação da penalidade de multa, encerrada a instância administrativa de julgamento da infração, comunicará imediatamente ao órgão executivo de trânsito do registro do documento de habilitação, via RENAINF ou outro sistema, para que instaure processo administrativo com vistas à aplicação da penalidade de suspensão do direito de dirigir.

(iv) quando se tratar de processo de suspensão por resultado positivo no **exame toxicológico** periódico, o prazo se inicia na data do resultado do exame ou da contraprova.

> Resolução 723/2018, art. 24, §1º, IV (modificado pela Resolução 844/2021).
>
> Art. 24, §1º. O termo inicial da pretensão punitiva relativo à penalidade de suspensão do direito de dirigir será:
>
> IV - no caso do inciso III do art. 3º, a data do resultado do exame ou da contraprova.
>
> Resolução 723, art. 3º. A penalidade de suspensão do direito de dirigir será imposta nos seguintes casos:
>
> III. em caso de resultado positivo no exame toxicológico periódico previsto no § 2º do art. 148-A do CTB, realizado por condutor habilitado nas categorias C, D ou E.

O **termo inicial** da pretensão punitiva relativo à penalidade de **cassação do documento de habilitação** será:

(i) quando o infrator estiver conduzido veículo, tendo sido suspenso o direito de dirigir, a data do fato.

> Resolução 723/2018, art. 24, §2º. O termo inicial da pretensão punitiva relativo à penalidade de cassação do documento de habilitação será:
>
> I. no caso do inciso I do art. 19 desta Resolução, a data do fato.
>
> Resolução 723/2018, art. 19. Deverá ser instaurado processo administrativo de cassação do documento de habilitação,

pela autoridade de trânsito do órgão executivo de seu registro, observado no que couber as disposições dos Capítulos IV, V e VI, desta Resolução, quando:

I. suspenso o direito de dirigir, o infrator conduzir qualquer veículo.

(ii) nos casos de reincidência, no período de 12 meses, das infrações previstas nos arts. 162, III, 163, 164, 165, 173, 174 e 175, do CTB, o dia subsequente ao encerramento da instância administrativa referente à penalidade de multa da infração que configurou a reincidência.

> Resolução 723/2018, art. 24, §2º. O termo inicial da pretensão punitiva relativo à penalidade de cassação do documento de habilitação será:
>
> II. no caso do Inciso II do art. 19 desta Resolução, o dia subsequente ao encerramento da instância administrativa referente à penalidade de multa da infração que configurou a reincidência
>
> Resolução 723/2018, Art. 19. Deverá ser instaurado processo administrativo de cassação do documento de habilitação, pela autoridade de trânsito do órgão executivo de seu registro, observado no que couber as disposições dos Capítulos IV, V e VI, desta Resolução, quando:
>
> II. no caso de reincidência, no prazo de doze meses, das infrações previstas no inciso III do art. 162 e nos arts. 163, 164, 165, 173, 174 e 175, todos do CTB.

8.1.2. Prescrição executória

A prescrição executória consiste na perda do direito do Estado de executar a penalidade imposta.

Ocorre a prescrição executória em cinco anos, que são contados a partir da data da notificação para a entrega da CNH.

8.1.3. Prescrição intercorrente

Ocorre a prescrição intercorrente quando o processo administrativo permanece paralisado por mais de 3 anos.

> Lei 9.873/1999, art. 1º, §1º. Incide a prescrição no procedimento administrativo paralisado por mais de três anos, pendente de julgamento ou despacho, cujos autos serão arquivados de ofício ou mediante requerimento da parte interessada, sem prejuízo da apuração da responsabilidade funcional decorrente da paralisação, se for o caso.

> Resolução 723/2018, art. 24, §5º. Incide a prescrição intercorrente no procedimento administrativo paralisado por mais de três anos.

Vale mencionar que a concessão de efeito suspensivo ao recurso não impede a fluência da prescrição intercorrente. Nesse sentido, a jurisprudência:

ADMINISTRATIVO. DNIT. INFRAÇÕES DE TRÂNSITO. PRESCRIÇÃO INTERCORRENTE. LEI 9.873/99. CONCESSÃO DE EFEITO SUSPENSIVO AOS RECURSOS PENDENTES DE JULGAMENTO PELA JARI NÃO IMPEDE A FLUÊNCIA DO PRAZO PRESCRICIONAL. APELAÇÃO DESPROVIDA.
1. Trata-se de ação em que se busca o reconhecimento da prescrição das multas de trânsito aplicadas contra o autor, com o consequente cancelamento do seu registro junto a quaisquer órgãos de trânsito.
2. A Lei nº 9.873/99, que estabelece o prazo de prescrição para o exercício de ação punitiva pela Administração Pública Federal, direta e indireta, é uma norma geral, sendo que, não havendo uma norma específica sobre o mesmo tema, essa lei tem aplicação cogente.
3. As multas de trânsito, como as demais sanções administrativas, decorrem do poder de polícia estatal, devendo ser aplicada a prescrição intercorrente, prevista no § 1º do artigo 1º da Lei 9.873/99, também nas hipóteses de processo administrativo em que se discute infração de trânsito.
4. A concessão de efeito suspensivo ao recurso administrativo não suspende ou interrompe a fluência do prazo prescricional, mas tão somente impede que a decisão atacada produza seus regulares efeitos.
5. No caso em apreço, verifica-se que os recursos apresentados pelo autor, em face das autuações lavradas contra ele, se encontram pendentes de julgamento pela JARI desde os anos de 2003 e 2004, sem qualquer movimentação, a comprovar o transcurso do prazo prescricional trienal.
6. Apelação desprovida
(Processo: APELAÇÃO CÍVEL 2081557/MS 0012450-46.2010.4.03.6000; Relator: DESEMBARGADOR FEDERAL NELTON DOS SANTOS; Publicação: 25/09/2019).

8.2. PRESCRIÇÃO NOS CASOS DE PROCESSO PARA APLICAÇÃO DE MULTA DE TRÂNSITO[109]

---

[109] Não repetiremos as informações que já foram estudadas.

Resolução 918/2022, Art. 36. Aplicam-se a esta Resolução os prazos prescricionais previstos na Lei nº 9.873, de 1999.

8.2.1. Prescrição da pretensão punitiva

A pretensão punitiva das penalidades oriundas de infração cuja penalidade seja aplicação de multa prescreve em 5 anos, a contar do cometimento da infração.

Recorde-se, ainda, a ocorrência de prescrição punitiva quando o recurso não for julgado no prazo de 24 meses, conforme art. 289-A, do CTB.

8.2.2. Prescrição executória

A pretensão executória prescreve em 5 anos, contados do dia subsequente ao trânsito em julgado da decisão irrecorrível que aplicou a penalidade.

8.2.3. Prescrição intercorrente

Incide quando o Procedimento administrativo estiver paralisado por mais de três anos.

IMPORTANTÍSSIMO: Tanto para a prescrição nos casos de suspensão e cassação quanto nos casos de multa de trânsito, se a infração também constituir crime, a prescrição se dará no mesmo prazo previsto na lei penal (Lei 9.873/1999, art. 1º, §2º).

8.3. INTERRUPÇÃO E SUSPENSÃO DA PRESCRIÇÃO

Podem existir fatores que geram a interrupção da prescrição punitiva. Interromper o prazo significa que uma vez ocorrido o fato que gera a interrupção, o prazo começa a ser contado "do zero".

A título de exemplo, o prazo da prescrição punitiva é de 5 anos. Passados 3 anos, implementa-se uma das causas interruptivas. Da interrupção, conta-se mais 5 anos. Do exemplo, extrai-se que a administração dispôs de 8 anos para aplicação da penalidade.

A prescrição pode ser **interrompida somente uma vez**. De acordo com a Resolução 723/2018 do CONTRAN (art. 24, §3º, I a III), a **prescrição punitiva** é interrompida:

(i) com a notificação de instauração do processo administrativo;

(ii) com a aplicação da penalidade de suspensão do direito de dirigir ou de cassação do documento de habilitação;

(iii) com o julgamento do recurso na JARI, se houver.

Frise-se: Em se tratando de prescrição da pretensão punitiva, a administração tem o prazo de 5 anos para dar início ao processo administrativo que vise aplicar a penalidade suspensão do direito de dirigir ou cassação do documento de habilitação. Implementada a causa interruptiva, possui mais 5 anos para finalizar o processo, aplicando a penalidade devida.

> REMESSA NECESSÁRIA. Mandado de Segurança. Pretensão de renovação de Carteira Nacional de Habilitação. Prescrição da pretensão punitiva administrativa.
>
> 1. Infrações cometidas durante o período de permissão para dirigir. **Instauração do processo administrativo para imposição de penalidade em 2013, o qual somente foi julgado em 2019, ultrapassando o quinquênio legal** entre a instauração do processo administrativo e o seu julgamento definitivo.
>
> 2. Exegese do art. 1º, da Lei Federal n.º 9.873/99 e do parágrafo único do artigo 22, da Resolução CONTRAN 182/05. Sentença concessiva da segurança confirmada.

3. Remessa necessária não acolhida (Processo: REMESSA NECESSÁRIA Nº 1022874-35.2019.8.26.0506 - SP; Relator: OSWALDO LUIZ PALU; Data de publicação: 23/06/2020).

Já a **suspensão da prescrição** significa que o prazo é paralisado por determinado tempo e, cessado o motivo que gerou a suspensão, o prazo volta a correr pelo restante.

Exemplo: O prazo prescricional é de 5 anos. Passados 2 anos, o ocorre a suspensão. Cessado o motivo que gerou a suspensão, o prazo volta a correr pelo restante, ou seja, mais 3 anos.

Prevê a Resolução 723/2018 (art. 24, §4º), que ocorre suspensão da **prescrição punitiva** e da **prescrição executória** durante o trâmite de processo judicial, desde que haja cientificação pelo juízo.

IMPORTANTE: Além dos prazos prescricionais, devem ser observados os prazos decadenciais, como por exemplo, prazo para expedição das notificações, conforme já estudado.

A declaração de prescrição acarretará o arquivamento do respectivo processo de ofício ou a pedido da parte (Resolução 723/2018, art. 24, §6º).

OBSERVAÇÕES IMPORTANTES

* Os fundamentos, provas e demais elementos podem ser reiterados em todas as instâncias. Por outro lado, o requerente pode suscitar, a qualquer momento, antes do julgamento, novos argumentos e apresentar novas provas.

* Em que pese a indicação de prazos para apresentação da defesa/recursos, a qualquer momento é possível a utilização do princípio da autotutela, segundo o qual a administração tem o dever de rever seus próprios atos, de acordo com o que expusemos.

* Preceitua o art. 285, §1º, do CTB que o recurso interposto à JARI não tem efeito suspensivo. Entretanto, extrai-se do art. 284, §3º, do CTB, incluído pela Lei nº 13.281, de 2016, que não será aplicada qualquer restrição, inclusive quanto ao licenciamento e transferência, enquanto pendente processo administrativo, o que equivale ao efeito suspensivo.

Art. 284, § 3º. Não incidirá cobrança moratória e não poderá ser aplicada qualquer restrição, inclusive para fins de licenciamento e transferência, enquanto não for encerrada a instância administrativa de julgamento de infrações e penalidades.

* O órgão autuador, uma vez vencido, pode interpor recurso. Nesse caso, o administrado deve ser intimado.

* O proprietário/condutor recorrente deve ser informado sobre o resultado dos recursos de 1ª e 2º instância (art. 17, Resolução 918/2022, CONTRAN).

* Esgotados os recursos, as penalidades aplicadas poderão ser cadastradas no RENACH (Resolução 918/2022, CONTRAN, art. 18).

* Se a infração for cometida em localidade diversa daquela do licenciamento do veículo, o recurso poderá ser apresentado junto ao órgão ou entidade de trânsito da residência ou domicílio do infrator (art. 287, CTB).

* Os documentos apresentados com a defesa prévia devem ser juntados aos recursos.

* A contagem dos prazos para apresentação de condutor e interposição da defesa da autuação e dos recursos será em dias consecutivos, excluindo-se o dia da notificação ou publicação por meio de edital, e incluindo-se o dia do vencimento.

Considera-se prorrogado o prazo até o primeiro dia útil se o vencimento cair em feriado, sábado, domingo, em dia que não houver expediente ou este for encerrado antes da hora normal (Resolução 918/2022, CONTRAN, art. 29 e parágrafo único).

REFERÊNCIAS BIBLIOGRÁFICAS

ALEXANDRINO, Marcelo; PAULO, Vicente. Direito Administrativo Descomplicado. 29ª Edição. Rio de Janeiro: Forense, 2021.

ASSIS NETO, Sebastião de; JESUS, Marcelo de; MELO, Maria Izabel de. Manual de Direito Civil. 8ª Edição. Salvador: Juspodivm, 2019.

CÂMARA, Alexandre Freitas. O Novo Processo Civil Brasileiro. 5ª Edição. São Paulo: Atlas, 2019.

CARVALHO FILHO, José dos Santos. Comentários à lei 9.784/99. 5ª Edição. São Paulo: Atlas, 2013.

CTB Digital. www.ctbdigital.com.br.

DIDIER JR., Fredie. Curso de Direito Processual Civil – Vol. 1. 14ª Edição. Salvador: Juspodivm, 2012.

DI PIETRO, Maria Sylvia Zanella. Direito Administrativo. 21ª Edição, São Paulo: Atlas, 2008.

MAZZA, Alexandre. Manual de direito administrativo. 11ª Edição. São Paulo: Saraiva Educação, 2021.

NEVES, Daniel Amorim Assunção. Manual de Direito Processual Civil – Volume único. 12ª Edição. Salvador: Juspodivm, 2022.

SARLET, Ingo Wolfgang; MITIDIERO, Daniel; MARINONI, Luiz Guilherme. Curso de Direito Constitucional. 9ª Edição. São Paulo: Saraiva Educação, 2020.

TORRES, Ronny Charles de Lopes; NETO, Fernando Ferreira Baltar. Direito Administrativo. 9ª edição. Salvador: Juspodivm, 2019.

.